吉林省高校
创新型国际化人才培养
本土化模式研究

RESEARCH ON THE LOCALIZATION MODEL OF
INNOVATIVE INTERNATIONALIZED TALENTS TRAINING
IN JILIN PROVINCE'S UNIVERSITIES

李 阳 于晓红 井丽巍 著

社会科学文献出版社
SOCIAL SCIENCES ACADEMIC PRESS (CHINA)

目　录

| 第一章 |

创新型国际化人才培养的必要性及趋势分析

第一节 创新型国际化人才培养的必要性

"人才之难万冀一，一士其重九鼎轻。"伴随着知识经济的发展，人才的重要性愈加凸显，逐渐成为社会进步、国家繁荣的重要驱动力。在我国企业走出国门，外资企业不断扩容的同时，人才缺口已成为制约经济发展和社会进步的重要因素。面对日益加剧的国际竞争，培养创新型国际化人才是当前社会发展的必然趋势。①

一 经济全球化的必然要求

跨国公司的发展、生产要素全球范围内的分工以及信息技术和自由贸易的发展，进一步加快了全球经济一体化的脚步。就目前来说，经济全球化已成为经济发展的主要趋势。经济全球化时代的到来必然引起劳动力全球化、人才国际化。在经济全球化背景下，人

---

① 庄智象等：《关于国际化创新型外语人才培养的思考》，《外语界》2011 年第 6 期，第 71~78 页。

才是经济发展的核心要素。从现实状况来看，全球范围内的劳动力流动显然已经成为一种十分常见的现象，且在经济全球化背景下，全球范围内劳动力流动的规模以及速度是过去不曾出现过的。据相关数据统计，全世界范围内在国外人口工作人数大约有 1.5 亿，其中，法国外籍工作员工是本土员工的 1/3，澳大利亚以及瑞士的外籍人口则分别占据了总人口的 25%、17%。随着经济一体化的逐渐深入发展，国际分工变得更为明显，而在诸多经济要素中，人才已经成为影响经济发展的关键要素。在这样一个大环境下，人力资源所发挥的作用以及其在经济发展中所占的地位逐日提升，基于此，许多发达国家开始致力于培养精通生产、贸易以及管理的综合人才，不但要求大学培养精通国内经济发展规则的人才，还要求大学开展国际贸易等相关课程，确保人才在国际以及国内均有竞争能力。在经济全球化背景和"一带一路"建设背景下，各行业领域、各公司部门均需要善于沟通、专业技能强的高素质综合型人才。总之，创新型国际化人才培养既是经济全球化的客观要求和必然趋势，也是进一步推动经济全球化的必要条件，两者相辅相成，相得益彰。[①]

二 提高我国高层次人才国际竞争力的有效途径

从目前发展状况来看，人才竞争已经开始在全球范围内不同国家之间开展。国际化人才是促进世界经济与社会发展的核心力量。随着经济全球化发展水平不断提升，我国正处于经济转型的关键时期，应当集中精力发展高等教育，不断汲取其他优秀成果的优势，共同为培养国际化人才做好准备。

根据统计数据，在我国高层次人才中，大部分有赴海外留学的

---

① 王辉：《我国研究型大学人才培养国际化研究》，兰州大学硕士学位论文，2010。

经历。其中，在教育部直属高校校长、两院院士、国家重点实验室和教学研究基地主任、长江学者、国家"863计划"首席科学家中所占比例分别为77.61%、80.49%、71.65%、94%、72%，这些留学归国人员中有939人曾获得国家级别的表彰。

目前，中国高校毕业生人数很多，但只有约10%的毕业生有能力为外企工作，在逐渐与国际接轨的背景下，国家化人才的缺口正不断加大，我国高校在培养具有国际化能力人才方面依然有很长的一段路需要探索。

综上所述，从历史发展角度分析，受经济全球化发展趋势影响，无论是发达国家还是发展中国家，已经对高层次人才对国家综合竞争能力所产生的影响作用形成全面认知，同时将人才资源纳入战略资源管理范畴。不可否认，只有人才培养带有显著的国际化发展特征，才能进行全球化教育理念建设，提供多样性人才培养渠道，使自身所具备的国际化教育水平得到全面提高。保持良好发展环境，使培养的复合型人才能够带有全球战略意识，进而缓解我国所存在的人才紧缺相关压力，共同为提高我国的国际竞争力奠定坚实基础。

三　增强我国高校国际竞争力的必然选择

从历史与现实角度分析，尤其在借鉴发达国家所累积的高等教育经验基础上，我们不难发现，如果国家具备大批量的国际化人才，势必使自身所产生的利益最大化需求得到全面满足，同时始终占据优势国际竞争地位。高等院校如果能够为社会不断输送国际化人才，势必有助于相关战略发展目标的最终实现。整个过程中，两方面因素相互影响、相互作用，共同为实现最终发展目标打好基础。

人才培养国际化能力往往是评估高等院校所具备国际竞争力及社会贡献度的重要参考依据，同时也是成为国际一流大学的基本要求。我们不难理解，一所高校是否具备较强的国际竞争能力，主要因素取决于其是否能够大批量地培养高素质人才。在进入经济社会发展阶段后，国际化人才培养直接影响到大学生能否不断进行自我完善，包括能否在激烈的国际竞争环境中处于优势竞争地位。因此，各国研究型大学都把人才培养的国际化作为提升自身国际竞争力、争创世界一流大学的重要手段和途径。目前，虽然我国高校的整体实力伴随着"211"及"985"显著提高，但与世界一流大学相比，我们仍然存在较大差距，而走创新型国际化人才培养的道路必然成为我国高等院校缩小差距、赶超先进的捷径。

四 实现高等教育强国战略目标的重要举措

高等教育强国主要是指通过开展高等教育等类型活动，不断进行高素质人才培养，同时提供较强的科技与社会服务，并且具备独立解决问题的能力。从目前发展状况来看，结合我国基本发展国情，完成中国特色社会主义制度建设任务，积极应对全球化竞争活动。整个过程中，我们必须走科技强国发展道路，利用高等教育优势进行大规模国际化高素质人才培养。

从实际发展状况来看，高等院校始终与国家保持紧密关系，尤其在进入全球经济一体化发展阶段，科学技术水平有了显著提升，高等院校承担了实现民族复兴发展目标的重要责任。现阶段，我国高等教育发展速度相对较高，高等教育也在社会中心体系内占据重要发展地位，国家同时也对高等院校持有较高期望，使得高等院校已经成为国家生存及发展的重要条件。为了确保人力资源强国发展目标能够最终实现，我国必须确保国家所具备的综合竞争能力得到全面提升，争取在2020年之前，实现人力资源强国战略目标，使自身所具备的综合竞争国家发展水平再上一个新的台阶。同时为实现中华民族伟大复兴的中国梦打下坚实的人才基础。

从历史发展结果中我们能够看到，世界政治与经济中心与世界科技与文化中心是完全一致的。以两个中心为基础，依靠研究型高等院校进行高素质及国际性人才培养。因此，从根本角度分析，所谓高等教育强国即要求以国际化标准为核心，开展研究型大学建设活动，共同为高素质复合型人才培养创造基础条件，并为国家社会发展及科技文化繁荣打下坚实基础，同时为实现国家强盛发展目标做好充分准备。整个过程中，从特殊角度分析，研究型高等院校在进行国际化人才打造过程中，必须充分强调维护国家政治经济利益的重要性，确保相关世界经济目标能够最终实现。

第二节 创新型国际化人才培养的趋势分析

我国目前部分高校的创新型国际化人才培养在不断尝试并已取得了一定成果，但距企业需求的人才在方向和数量上仍存在差距，以下将针对人才的具体培养趋势做一探究。[①]

一 人才培养目标明确

目前，全球范围内的各行业对人才的要求逐渐向着同一方向靠拢。良好的跨国沟通能力，较强的学习能力、创新能力，较为敏锐的市场把控能力以及国家化运作水平等已经成为国际上判定高素质人才的通用标准。而在这种环境下，各大高校必须以国际市场人才需求以及人才要求为基础，制订人才培养计划，增强国际视野和创新意识，鼓励学生敢于面对挑战、打破常规，创造性地

---

① 卫源：《国际化创新型本科会计人才培养趋势探究》，《中国商论》2016 年第 18 期，第 177～178 页。

开展工作，培养一批视野更加开阔、认识更为深刻、实践能力更强，精通国际行业规则，具有国际化视野和较强专业水平的高素质综合型人才。

二 教学内容科学合理

新形势下科学发展日趋综合性、整体性，极大地限制了单一知识结构人才的发展。着眼于创新型国际化人才需求的变化趋势，为培养适应时代要求、具有探索精神的复合型人才，许多高校都坚持科学和人文相结合、专业知识与通识教育相渗透的思路，不断调整和优化学科建设以及课程体系，力争保持教学内容的先进性以及科学性。

在加入通识课程的基础上，学校也应开设跨学科、跨文化综合课程，围绕学生学习和发展的阶段性特征，对每个学年的课程数量与类型进行规划设计，对教学内容进行合理分配。将选修课程与必修课程形成互补，帮助学生建构完备的专业知识体系，促进学生的不同成长需求。

三 教育资源共享

充分利用国外优质教育资源，教材资源共享，师资构成多元化，由本土培养向国外研修或引进教师转变。国际合作交流日益加强，充分整合并利用本国高校教育资源和国外高校教育资源；建立健全信息网络系统，充分发挥新媒体的平台优势，进一步加强国内外高校优质教育教学资源的共享，以期达到国际化的培养目标；国际合作办学不断发展，联合培养和打造具有国际视野的应用型人才；国际学术和交流越来越普遍，双边和多边合作交流模式将不断创新和发展。

四 教学方式现代化

发达国家正在逐步改变传统的教学模式，从以知识为中心的教学方式逐步向培养学生能力上倾斜。而中国部分高校的教学方式仍停留在传统的"填鸭式"教育。培养创新型国际化人才，必然要建立现代化课堂教育模式。传统的教学方式课堂组织自由，可行性强，但教学手段单一，以书本知识为主，学生对学习的主观能动性较差。教学方式现代化，需要整合现有的课程体系，提倡讨论式、启发式、案例式等教学方法。

现代化教学方式能够充分调动和发挥学生的积极性，鼓励学生自主思考、独立分析和解决问题，要求学生在课前主动预习、查阅相关资料、编写论文或者 PPT 并在课堂上展示。将这些方法引入课堂，开展能动性教学活动，引导学生结合案例或热点进行主题发言，有助于培养学生的自我判断能力、分析能力和沟通能力。此外，为了进一步适应日趋激烈的国际竞争环境，还要充分发挥第二课堂、第三课堂的补充作用，使学生获得扎实的专业基础知识和灵活的逻辑分析能力。

五 人才培养评价体系多元并存

在高等教育多样化的背景下，注重分层、分类已成为世界各国人才培养评价体系的重要趋势。建立并完善适合国情的创新型国际化人才培养成果评价体系，有助于积极发挥高等教育评价的国际交流与合作效应。

人才培养评价体系要能够满足评价指标要求，要注重评价目的与人才培养目标的一致性，要确保评价结果的客观性以及真实性，能够真正客观地反映出人才培养的实际水平。高校在制定人才培养质量评价方法时应以学生为中心，采用单项、全面评价以及定性、定量相结合等灵活多样的评价方式，以便能够真正反映出学生的素质水平、职业能力和适应社会需要的程度。

| 第二章 |

吉林省高校创新型国际化人才培养的
实践调查与分析

第一节　吉林省高校人才培养现状

与传统教育相比，现代教育更强调尊重个性，注重教育过程中知识向能力的转化工作及其内化为人们的良好素质，强调知识、能力与素质在人才整体结构中的相互作用、辩证统一与和谐发展。它把培养完善个性的理念渗透到教育教学的各个要素与环节之中，从而对学生的身心素质特别是人格素质产生深刻而持久的影响力。吉林省高校作为培育人才的摇篮，也正不断探索适合自身的人才培养模式，着力培养并向社会各界输送创新型国际化人才。本部分以吉林省高校人才培养现状相关数据为基础，结合调查问卷（详见附录一）调研结果，分析吉林省高校创新型国际化人才培养模式的优势以及劣势，为优化当前人才培养模式奠定基础。

一　培养理念

培养理念是人才培养模式的灵魂与动力源泉，一个学校要想长期生存与发展，就必须有自己的理念与目标。

如图 2-1 所示，近半数的教师认为所在学校相对重视培养理念的设置，但重视程度一般，非常重视的学校不足 5%，这也从侧面指出吉林省高校应当加强对培养理念这块"基石"的重视，更好地完善人才培养模式。

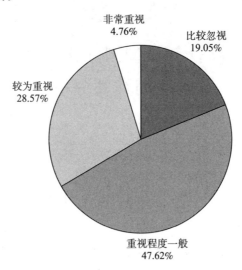

图 2-1　吉林省各高校培养理念重视程度占比

表 2-1　吉林省代表性高校培养理念汇总

学校名称	校训	培养目标
吉林大学	求实创新，励志图强	以学生为中心，培养"志高远、敢担当、基础厚、能力强、会创新、适应广"的高素质创新型人才
东北师范大学	勤奋创新，为人师表	尊重的教育：尊重教育规律，特别是人才成长的规律，尊重受教育者，尊重他们的人格人性，尊重他们的学习兴趣和个性发展，培养学生具有生活的勇气、向上的精神、创造的激情和社会责任感
延边大学	求真、至善、融合	培养德智体美全面发展的具有创新精神、实践能力和跨文化素质的复合型应用型高级专门人才

续表

学校名称	校训	培养目标
吉林财经大学	明德崇实	培养符合社会主义现代化经济建设和未来社会发展需要，具有扎实专业理论基础和现代知识结构，具有较强的创新精神和实践能力的高素质应用型人才
长春理工大学	明德、博学、求是、创新	培养具有创新精神和应用能力的高素质专门人才，积极促进学生的个性化发展
吉林农业大学	明德崇智、厚朴笃行	培养基础扎实、视野开阔、综合素质与创新能力强的应用型、复合型、研究型人才。其中，以应用型、复合型人才培养为主，有选择地培养研究型人才
东北电力大学	勤奋、严谨、求实、创新	培养适应行业和地方经济社会发展需要，品德高尚、务实进取、基础扎实的高素质应用型高级专门人才
吉林建筑大学	不管遇到什么障碍，我都要朝着我的目标前进	培养理论基础坚实、实践能力扎实、思想作风朴实，具有创新精神、创业意识和社会责任感的应用型高级专门人才
长春中医药大学	启古纳今，厚德精术	培养具有良好医德医风、基础理论宽厚、基本功扎实、动手能力强的高级中医药人才
北华大学	崇德尚学，自强力行	培养具有扎实专业基础和较高综合素质，创新精神和实践能力强，发展潜力大的应用型高级专门人才
吉林师范大学	好学近知，力行近仁	培养具有深厚文化底蕴、先进教育理念、崇尚职业道德、牢固专业知识、全面创新能力、扎实实践能力和宽广国际视野的未来优秀教师和未来教育家
长春工业大学	爱国敬业，求实创新	以培养基础理论扎实、实践能力强、综合素质高、具有创新和创业精神的高级应用型人才为主，兼顾培养多样化人才

续表

学校名称	校训	培养目标
长春师范大学	学无止境，行为师表	培养综合素质高，实践能力强，富有创新精神和社会责任感的基础教育优秀师资和应用型高级专门人才
长春大学	知行合一，诚信至善	培养基础扎实、实践能力强、综合素质高和富有实干精神、创新意识、社会责任感的高级应用型人才

就培养理念而言，吉林省高校较为重视培养学生的创新能力，吉林大学、东北师范大学、长春理工大学、东北电力大学以及长春工业大学将"创新"写入了校训；但通过了解各个学校的培养目标，部分高校更加重视对应用型技术人才的培养，对于学生的国际化能力培养有所忽视。

二　专业制度

专业建设关系着一所高校的社会认可度和学生未来发展，专业制度则决定了入学后专业的选择范围。

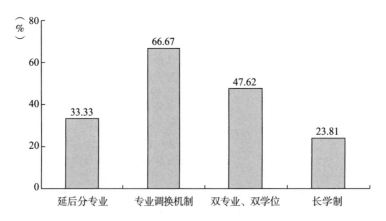

图 2-2　吉林省高校各种专业制度占比

目前我国不少学生在填报志愿时并不了解这些专业，或是上大学后发现专业与想象中不同，甚至发现并喜欢上以前根本没有注意过的专业。根据图2-2，大部分学校存在专业调换机制以及双学位制度，这为学生在校期间提供了更多选择，有助于培养复合型人才。

针对转专业制度，吉林省高校的具体要求如表2-2所示。

表2-2 吉林省代表性高校转专业制度概览

学校名称	双学位制	转专业基本条件	转专业附加条件（满足其一）
吉林大学	√	（一）符合学校招生相关政策，高考成绩特别优秀，获吉林大学新生入学奖学生者； （二）按照学校特殊专业在校生选拔计划，达到相关选拔要求者； （三）经学校统一组织考试选拔转专业相关专业录取者； （四）根据学校学科专业建设发展需要，由学校组织统一进行专业调整者； （五）学生在某专业领域确有某些突出专长，转专业更能发挥其业务专长者； （六）学生确有某种特殊困难，不适宜在原专业继续学习者。	
东北师范大学	√	1. 在读一、二年级的本科非定向生； 2. 所修读专业非艺术类、体育类、中外合作办学类等特殊招生专业； 3. 在校期间无违法违纪行为，未受过处分； 4. 从未转过专业； 5. 身体条件符合申请转入专业的体检标准者。	
延边大学	√	1. 确有专长，转专业更有利于发挥其专长的学生； 2. 患有某种疾病或生理缺陷，经学校医院或学校指定医院检查证明确属不宜在原专业学习，但尚能在其他专业学习的学生；	

续表

学校名称	双学位制	转专业基本条件	转专业附加条件（满足其一）
延边大学	√	3. 确有某种特殊困难，经学校认可，不转专业则无法继续学习的学生； 4. 因学校或学科专业发展需要转专业的学生； 5. 满足以上情况之一的中外合作办学专业的学生只能申请转中外合作办学专业。	
吉林财经大学	√	1. 在某一学科方面确有特长的学生； 2. 因为身体健康原因，经学校指定的医疗单位检查证明不能在原专业学习、但尚能在本校其他专业学习者； 3. 通过转专业能有利于学生自主学习成才，且参加学校的选拔，选拔合格者。	
长春理工大学	√	（一）在校全日制学习的本科一年级在读学生； （二）具备我校本科学籍资格，注册手续齐备，不欠任何费用； （三）在原专业学习期间，课程考核全部及格，并具有适合拟转入专业学习的某方面特长； （四）在校期间未受过任何纪律处分； （五）身心健康，且符合转入专业（专业方向）对身体条件的要求； （六）符合转入学院当年公布的接收条件。	（一）申请转专业学生学年考试综合成绩前5%（按同年级本专业总人数计算）； 学年考试综合成绩计算：学年考试综合成绩 = ∑ 学期考试综合成绩 （二）因为身体健康原因，经学校指定二级甲等以上医院诊断证明不能在原专业学习，但尚能在本校其他专业学习者。
吉林农业大学	√	1. 思想积极进步，学习态度端正，尊敬师长，团结同学，没有任何违纪行为。 2. 修完一年级全部课程且每门课程均获得规定的学分，没有补考、重修的课程。 3. 平均成绩在80分（含80分）以上。	

续表

学校名称	双学位制	转专业基本条件	转专业附加条件（满足其一）
东北电力大学	√	品行优良，无警告及以上纪律处分者；通过本专业培养方案第一学年规定的全部教学环节；无首次考试不及格科目；第一学年必修课程考试学分绩点排在本专业前5%者；该年级的全部课程皆为首次参与学习；入学即为本校在籍在校学生，非他校转入者。	
吉林建筑大学	√	1. 在校统招的大学一年级学生（不含转学、降级的学生）； 2. 课程一成绩达到50分为合格； 3. 已修的全部规定课程合格，且必修课平均分达到70分； 4. 身体条件符合转入专业招生要求； 5. 申请转入建筑学、城乡规划、风景园林专业的，须有绘画基础； 6. 入学以来品学兼优，没有发生违反《吉林建筑大学学生管理规定》的行为。	
长春中医药大学	√	1. 全日制在籍本科学生，政治表现良好，学习态度端正，无违法违纪行为者。 2. 注册手续齐备，缴清学费及其他应缴费用。 3. 在校期间未受过任何纪律处分。 4. 身心健康，符合转入专业对身体条件的要求。	1. 在校学习第一学期结束、即将进入第二学期修读的全日制本科学生，且第一学期所修课程无不及格（含必修课、限选课和任选课），综合排名在本专业的年级前5%（含）的学生，可直接转入新专业学习。 2. 在校学习第一学期结束、即将进入第二学期修读的全日制本科学生，且第一学期所修课程无不及格（含必修

学校名称	双学位制	转专业基本条件	转专业附加条件 （满足其一）
长春中医药 大学	√		课、限选课和任选课），综合排名在本专业的年级前5%（不含）～30%（含）的学生，由转入专业的学院组织考试和面试，具体人数以当年招生情况具体核实后学校下发通知为准。 3. 国医大师、终身教授、国家名老中医、省名中医的直系血亲（专指申请人的父母、祖父母或外祖父母），考入我校并已注册学籍的学生。 4. 国医大师、终身教授、国家级名老中医可以推荐具有中医素养的学生，经考核合格后，可申请转专业，并形成师承关系。每年国医大师可推荐3人、终身教授可推荐2人，国家级名老中医可推荐1人。 5. 我校在籍的退役大学生，按照《教育部办公厅关于进一步做好高校学生参军入伍工作的通知》有关要求进行执行。

续表

学校名称	双学位制	转专业基本条件	转专业附加条件 （满足其一）
北华大学	√	一、具备我校本科学籍，完成学习注册； 二、政治思想进步，表现优良，身心健康，符合转入专业（专业方向）对身体条件的要求； 三、除中外合作教育专业外，其他转专业学生，必须在原专业学习期间，完成本科一年级学习，课程考核全部合格且第一学年必修课课程学习成绩排名前20%（按同年级本专业总人数计算）。	
吉林师范大学	√	1. 在校全日制本科一年级在读学生，学籍注册手续齐备，不拖欠任何费用。在校期间未受过任何纪律处分，身心健康，且符合转入专业对身体条件的要求。 2. 在原专业学习期间，课程考核全部合格，且无缓考课程。 3. 拟转入专业（科类）所对应的高考单科成绩不低于110分（满分150分），转入文史类专业高考成绩参考语文成绩，转入理工类专业高考成绩参考数学成绩，转入外语语言类专业高考成绩参考外语成绩，艺术、体育类专业根据学生参加高考时所属科类分别参考语文或数学成绩。 4. 在原专业学习期间，学习成绩专业排名前15%；或拟转入专业（科类）所对应的高考单科成绩不低于135分（满分150分，参考高考成绩办法与第3条相同）；或在高中学习期间获得国家级学科竞赛三等奖以上。	
长春工业大学	√	1. 在校全日制学习的本科生修完原专业第一学年的全部课程。 2. 在校期间未受过任何纪律处分。 3. 身体健康，符合申请转入专业的体检要求。	

续表

学校名称	双学位制	转专业基本条件	转专业附加条件（满足其一）
长春工业大学	√	4. 学生转专业控制在高考时划分的文、理科之内，不允许跨文、理科转专业。 5. 第一学年所修必修课程成绩排名在本专业前10%，并且无不及格课程。 6. 艺术类专业学生只允许在艺术类专业内转专业，国防定向生原则上不允许转专业。 7. 学生在校期间只允许转专业一次。	
长春师范大学	√	第一类：学生确有转入专业的特长和兴趣，转专业更能发挥其专长； 第二类：学生入学后因患某种疾病或者生理缺陷（不含隐瞒既往病史入学者），经学校指定的医疗单位检查证明确属不宜在原专业学习，但尚能在其他专业学习； 第三类：学生确有某种特殊困难或非本人原因，不转专业则无法继续学习。	
长春大学	√	1. 第一学年修读结束、即将进入第二学年修读的全日制本科优秀学生； 2. 注册手续齐备，缴清学费及其他应缴费用； 3. 第一学年所修课程无不及格，且所有考试课程的平均学分绩点排名在本专业的年级前5%（位于本专业年级前5%的学生如不转专业，排在后面的学生不可以递补）； 4. 在校期间未受过任何纪律处分； 5. 身心健康，且符合转入专业对身体条件的要求。	

虽然各个高校均出台了转专业制度，但是难度系数较高，在调

查问卷中也发现近半数调研对象认为当前存在调换专业困难的现象。

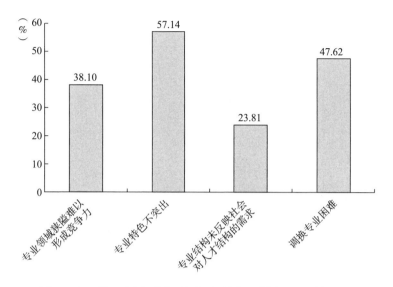

图 2 - 3 基于调研数据的专业制度设置问题反馈汇总

综上所述，在专业制度方面，吉林省高校均实行了双学位制。由于目前各学科间相互渗透、相互融汇，绝对的分界不再存在，新兴的边缘科学如雨后春笋，实行双学位制有助于培养复合型人才，完善其知识结构，满足当前市场需求。另外，学校虽然出台了专业调整机制，但对于申请设置了一定门槛，一般只有成绩名列前茅的学生才有权利提交转专业申请，在经过笔试与面试两关后，真正能够去其他专业的学生数量有限，不利于提高学生学习的热情和积极性。

三 课程设置

课程设置是不同高校对各类课程的设立和安排，契合培养理念，是培养目标在当前学期课程计划中的集中表现。课程设置是否全面、学分比例是否合理影响着人才培养模式的实施。

如图 2 -4 所示，通识课程以及创业实践已经在大多数学校中落地生根，但第二课堂和复合式课程尚未普及。表 2 - 3 为吉林省高校具体课程设置。

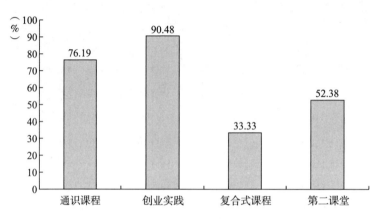

图 2 - 4　高校课程类型

表 2 - 3　课程设置

学校名称	通识教育课程	新生研讨课	第二课堂	选修课占总学分比例	实践教学学分占总学分比例	创新创业类课程
吉林大学	300	30	√	24.82%	20.36%	《创新思维学》《创业指导课》《创业管理》等
东北师范大学	261		√	27.45%	20.33%	《大学生职业生涯规划》《就业创业指导》等
延边大学	346	10	√	30.1%	19.9%	《大学生 KAB 创业基础》等
吉林财经大学	43		√	20%	15%（理工类不少于 25%）	《创业管理》等
长春理工大学	39		√		27.71%	《大学生 KAB 创业基础》等
吉林农业大学	17		√	21.73%	31.44%	《创业策划》《农业与创业》等

续表

学校名称	通识教育课程	新生研讨课	第二课堂	选修课占总学分比例	实践教学学分占总学分比例	创新创业类课程
东北电力大学	58		√	25%～30%		《创业就业教育》《创业管理学》《创造学》等
吉林建筑大学	18		√		25%～30%	《大学生创业基础》《大学生创新创业》《创业创新领导力》《创业精神与实践》等
长春中医药大学	29		√	17.55%	18.03%	《创业精神与实践》等
北华大学			√			
吉林师范大学			√		12%	
长春工业大学	30		√	24.2%	24.35	《创业培训KAB课堂》等
长春师范大学	305		√		15%（理工类不少于25%）	《创业人生》《大学生职业发展与就业指导》等
长春大学	23		√			《大学生创业基础》等

课程设置上，各个高校汲取了现代教育方式的优势，设立了通识教育课程、第二课堂以及创新创业类课程。通识教育包含基础性知识的传授、公民意识的陶冶、健全人格的熏陶以及一些非专业性的实际能力的培养；第二课堂与创新创业类课程则是素质教育不可

缺少的部分，形式多样，能够提高学生综合素质、培养创新能力并且引导学生适应社会。同时，选修课占总学分比例以及实践教学学分占总学分比例也表明学校在重视理论教育的同时，努力拓宽学生的知识广度、培养学生的实践能力。但对于帮助大一同学适应大学课程的新生研讨课，大部分学校并未开展，这也表明大学应当不断探索新的课程模式，为培养创新型国际化人才奠定基础。

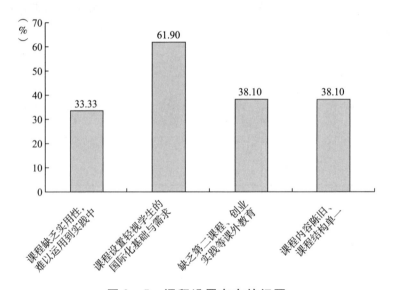

图 2-5　课程设置存在的问题

针对高校课程设置，反馈结果显示轻视学生的国际化基础与需求问题依然存在，在培养学生国际化技能方面任重道远。约 1/3 的调研对象认为课程缺乏实用性，内容陈旧，且课外教育有所缺失。

全英文或双语授课的课程数占总课程数的比例影响着国际化人才的培养，但近半的调研对象比例在 10% 以下，甚至约 1/5 的调研对象选择了没有相关课程。

总体而言，吉林省高校的课程设置正在逐步走上正轨，但对于国际化课程的重视程度亟待提高。

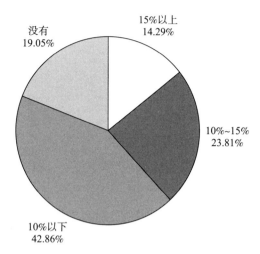

图 2 - 6　全英文或双语授课的课程数占总课程数的比例

四　师资队伍

师资队伍建设是学校内涵建设的核心，是提高办学水平和办学质量的关键。教师的学历水平、学缘结构等可以从侧面反映出每个学校的教学质量。

表 2 - 4　师资队伍建设

学校名称	专任教师数量	高级职务比例（%）	博士学位人数比例（%）	具有海外留学经历教师比例（%）	学生与教师比例	主讲本科课程的教授占教授总数的比例（%）	教授主讲本科课程占总课程的比例（%）	参加培训进修、交流教师比例（%）
吉林大学	4585	67.5	68.03	37.17	18:1	60	35.8	27.22
东北师范大学	1490	66.4	61.0	8.4	18.58:1	80	20	

续表

学校名称	专任教师数量	高级职务比例（%）	博士学位人数比例（%）	具有海外留学经历教师比例（%）	学生与教师比例	主讲本科课程的教授占教授总数的比例（%）	教授主讲本科课程占总课程的比例（%）	参加培训进修、交流教师比例（%）
延边大学	1378	58.42	43.98	33.24	18.9:1	87.10		3.77（国内访学半年以上，国外一个月以上）
吉林财经大学	570	49.83	33.16	6.14	21.6:1	78.05	17.17	
长春理工大学	1106	52.1			17.9:1	92		
吉林农业大学	1179	47.84	42.15		17.1:1	95.7	15.62	48.77
东北电力大学	920	44.78	23		19.36:1		17	11.41
吉林建筑大学	801	47.1	23.85		17.8:1	91.43	14.27	
长春中医药大学	623	58.1	23.4		17.9:1			20.1
北华大学	1612	46.6	22.9	3.2	17:1	96.1	13.26	26.12
吉林师范大学	1108	37	23		16.25:1	90.56	7.92	
长春工业大学	1119	48.5	31.55		17.80:1			
长春师范大学	1113	39.9	20		19.7:1			
长春大学	844	44.8	15.7		18.4:1	88.79	19.3	

　　在"人才强校"的背景下，师资队伍结构的优化以及高层次人才队伍的建设尤为重要。各个高校教师队伍的高级职务比例普遍在40%以上，但学历结构差异较大，拥有博士学位比例的教师在15%～

70%，具有海外留学经历教师比例较少。

五　教学条件

当前各个高校都把教学相关基础设施作为重点建设，馆藏图书、教学仪器设备、生均教学仪器设备等指标能够在一定程度上反映一个学校的教学条件是否满足学生的学习基本需求。

表 2－5　教学条件

学校名称	馆藏图书（万册）	教学仪器设备（万元）	生均教学仪器设备（万元）
吉林大学	873.7	322000	3.53
东北师范大学	362.27	41311.09	1.19
延边大学	215.73	32167.6	1.73
吉林财经大学	144.61	9475.30	0.74
长春理工大学	210	48838	2.19
吉林农业大学	275.87	47203.62	2.23
东北电力大学	164.03	24667.49	1.24
吉林建筑大学	129.77	16999.37	1.06
长春中医药大学	102.95	20600	1.68
北华大学	201	41899.74	1.52
吉林师范大学	188.69	19100	0.97
长春工业大学	165.13	27481.71	1.23
长春师范大学	175.74	25138.81	1.15
长春大学	154.4	11700	0.71

适宜的教学条件有利于现代教育的实施，吉林省各个高校专业建设侧重点不同，硬件设施虽然有所差异，但普遍满足了当前的课堂需求。

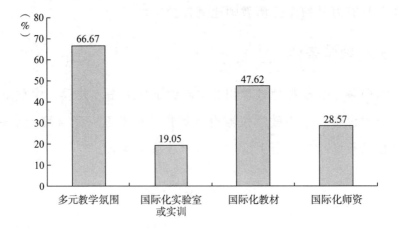

图 2 - 7　国际化人才培养教学条件

国际化人才培养教学条件上，基本具备多元教学氛围，但在师资、教材、实验室等方面有所欠缺。

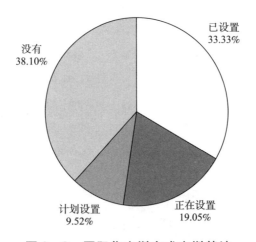

图 2 - 8　国际化实训室或实训基地

对于各个高校最为缺乏的国际化实训室或实训基地，部分高校已经着手设置，但仍有部分高校没有相应计划。

依据图 2 - 9，吉林省高校在教学条件上有一定优势，国际联合培养项目、人才培养模式等相对完善。

目前，各个学校的基础设施、教学条件基本完备或正在建设之中，有助于学生在课余时间继续交流与学习。

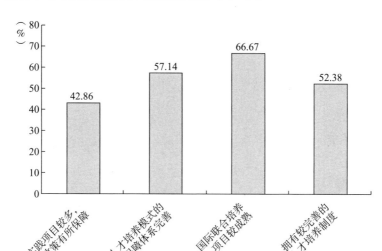

图2-9 培养创新型国际化人才方面具备的优势

六 国际交流与合作

经济全球化将高等教育纳入一个全新的开放环境中。当前，众多国家及其大学都将推动学生的国际交流作为人才培养的一项重要举措，以此服务本国、本地区的发展战略。创新型国际化人才的培养不能仅仅注重高校基础设施以及师资力量的建设，更应当与国际接轨，开阔视野，注重交流与合作。

表2-6 国际交流与合作

学校名称	国际合作交流处	友好学校	学生交流项目	教师交流项目
吉林大学	√	222	34	6
东北师范大学	√	324		
延边大学	√	135		
吉林财经大学	√	38		

续表

学校名称	国际合作交流处	友好学校	学生交流项目	教师交流项目
长春理工大学	√	66		
吉林农业大学	√	68	7	
东北电力大学	√	36	6	
吉林建筑大学	√	29		
长春中医药大学	√	30		
北华大学	√	38		
吉林师范大学	√	88		
长春工业大学	√	16		
长春师范大学	√	35		
长春大学	√	47	2	

吉林省高校较为重视国际交流与合作，均设立了专门的管理部门，但固定的定期对外交流项目较少。

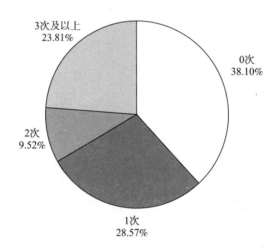

图 2－10 每学期举办国际化活动的次数

国际化活动有助于锻炼学生的跨文化交际能力，但调查问卷显示，约40%的调研对象选择了从未举办，经常举办的约占1/4。

目前，获取国际化知识的主要途径依然是教师，一方面反映了学校相关教学条件的不健全，另一方面也是由于学生在课余时间没有主动提升自己的国际化能力。

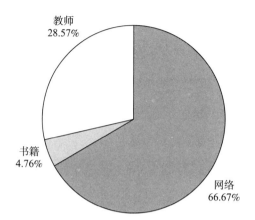

图 2－11　获取国际化知识主要途径

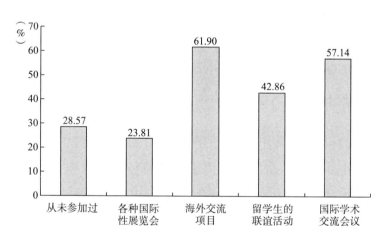

图 2－12　国际化交流活动主要形式

高校国际化交流活动形式主要集中在海外交流项目、国际学术交流会议以及留学生联谊活动上，选择国际性展览会这种形式的不足 1/4，除此之外还有部分从未参加过国际化交流活动。

超过半数选择了 1% 以下，只有小部分学生对于去企业实习有较高的积极性。

在吉林省，各个高校均与境外一些学校建立了友好关系，部分学校定期进行学生与教师交流项目，为拓宽学生视野、培养国际化能力奠定了良好基础。

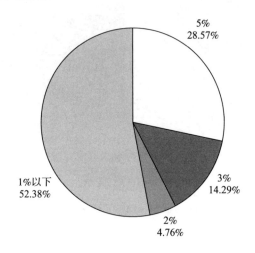

图 2 - 13　与国际知名企业合作，选派学生实习，参加学生占在校生总数的比例

七　中外合作办学

自 2003 年 3 月国务院发布《中外合作办学条例》以来，中外合作办学形成和保持了高水平、快速发展的势头，社会关注度、信誉度、品牌度有所提升，社会影响扩大，对促进教育改革发展的作用更加明显，对社会经济发展的贡献度进一步凸显。吉林省大部分高校均实行了中外合作办学模式，以此促进国际化人才培养。

表 2 - 7　中外合作办学

学校名称	外方合作院校	2018 QS 世界大学排名	合作模式	开设专业	颁发证书
吉林大学	俄罗斯托木斯克理工大学		2 + 2	物理	中方、外方

续表

学校名称	外方合作院校	2018 QS 世界大学排名	合作模式	开设专业	颁发证书
东北师范大学	美国南伊利诺伊大学		4 + 0	会计学	中方
	美国肯尼绍州立大学		4 + 0 / 3 + 1	英语（科技交流）、计算机与技术和软件工程	中方、外方（赴国外学习1年者）
延边大学	韩国崇实大学		4 + 0	经济学、通信工程	
吉林财经大学	澳大利亚查尔斯特大学	818	4 + 0	会计学、金融学、电子商务（国际合作方向）	
	澳大利亚纽卡斯尔大学	224	2 + 2		
长春理工大学	美国特拉华州立大学		4 + 0/3 + 1	光电信息科学与工程	中方、外方
吉林农业大学	意大利卡梅里诺大学		4 + 0/3 + 1/1 + 3	生物技术	
东北电力大学	美国犹他州立大学	951	4 + 0	国际经济与贸易	中方、外方
	英国史莱克莱德大学		4 + 0	电气工程与自动化	中方
吉林建筑大学	俄罗斯太平洋国立大学			建筑学	
长春中医药大学					
北华大学	美国纽约州立大学布法罗分校		硕博连读	护理学	

续表

学校名称	外方合作院校	2018 QS 世界大学排名	合作模式	开设专业	颁发证书
吉林师范大学	韩国教员大学		4＋0/自愿赴韩国学习	学前教育	中方／中方、外方
长春工业大学	美国波特兰州立大学		4＋0/2＋2	计算机科学与技术、电气工程及其自动化	
	美国奥克兰大学		4＋0/2＋2	机械工程及自动化	
长春师范大学	俄罗斯克麦罗沃国立文化学院			音乐学	
	澳大利亚南十字星大学	866		计算机科学与技术、旅游管理	
长春大学	俄罗斯乌斯季诺夫波罗的海国立技术大学		4＋0/2＋2	自动化、机械工程及自动化	中方／中方、外方
	俄罗斯伏尔加国立社会师范大学		4＋0/2＋2	俄语	中方／中方、外方

中外合作办学为教育体系的创新、办学理念的变革、教育资源的丰富起到了非常大的推动作用。与此同时，吉林省中外合作办学也暴露了许多问题。在学科和专业分布上，以办学成本小、市场效益较好的学科为主。另外，一些高校中外合作办学具体情况没有在网上公布，如课程设置、教学模式、师资队伍、教学理念、教学管理、证书授予等详细情况无法查找，不利于学生和家长参考和选择。

八　创新实践项目

创新实践项目有助于培养大学生的自主创新精神、实践与理论结合能力以及团队合作意识。为加强学生在创新实践项目中的参与度，吉林省各个高校采取了不同的措施和活动类型。

表 2－8 创新实践项目

学校名称	创业园区	创业活动	创业竞赛	项目
吉林大学	创新创业实训基地 17 个，实训模拟平台 3 个以及学生创业园区	"吉林大学创新创业教育和大学生自主创业工作领导小组"、"创新创业教育学院"和"创新创业教育指导委员会"		
东北师范大学	U－G－E（大学—政府—政府辖区内的各企事业单位）协同创新实验区		"工商银行杯"全国大学生金融创业设计大赛、第四届创业计划大赛、"金达洲"杯千元创业大赛、"环球雅思杯"巅峰营销大赛	
延边大学				
吉林财经大学	突出实践与创新能力的统计人才培养模式创新实验区、以市场需求为导向的金融人才培养模式创新实验区	创新创业竞赛宣讲会、创业主题报告会、开办创业沙龙	创业设计大赛、操盘手大赛、"我们都是 CEO"、公益广告创意大赛、"金思维"海报设计大赛	
长春理工大学	大学生创业园	开设创业讲堂、开展 SYB 创业培训	"创我未来"大学生创业大赛	
吉林农业大学	集教育服务、实训、项目孵化、项目推介于一体的大学生创新创业园	成立大学生"U－job"就业创业协会，参加长春市委党校 SIYB 创业培训、吉林省国家电子商务产业园电子商务经营创业项目培训		

续表

学校名称	创业园区	创业活动	创业竞赛	项目
东北电力大学	大学生课外实践创新平台			
吉林建筑大学				80
长春中医药大学			"创青春"挑战杯创业大赛	
北华大学	1 个国家级实践育人创新创业基地、2 个省级大学生创新创业基地、23 个校级大学生创新创业基地	基地间学习研讨活动	大学生电子设计竞赛、全国大学生数学建模竞赛	170
吉林师范大学	"四平红嘴大学科技园"		学生模拟课堂教学大赛	81
长春工业大学		创业培训 KAB 课堂	"金点子"创业创意大赛、"挑战杯"创业计划竞赛	
长春师范大学		参加长春创业就业博览会创业论坛、吉林省大学生创业大讲堂、淘宝大学吉林豪玛创业班、新生代领袖峰会暨 GYL 东北社区首届公益论坛等讲座和培训活动	大学生创新创业大赛	61
长春大学				136

在创业实践项目方面，吉林省高校设立了各种创业园区、创业活动、创业竞赛，其中一些学校创业实践项目较多，走在了吉林省前列。

高校一般每学期会举办创业大赛及创业实践活动，部分甚至举办次数在 3 次以上。

在创业实践方面，吉林省还处于探索阶段，各个学校在积极参加全国创业比赛的同时，也自行组织各种活动竞赛，吸引大学生的参与，培养其创新能力。同时，创业园发挥了促进、扶持大学生创业的作用，但是效果和产生的影响度仍有待提高。

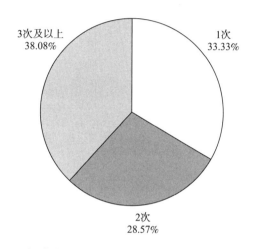

图 2 - 14　每学期举办创业大赛、创业实践等活动的次数

九　创新型国际化人才培养模式评价

以国际化为标准、创新为原则，大学正着力改善教学计划与课程体系，健全新型人才培养模式。通过调查问卷设置的问题，了解社会各界对于创新型国际化人才培养模式的评价、认可度和建议。

调研显示，在创新型国际化人才培养方面比较薄弱的是国际态度和全球意识、跨文化交际能力以及国际化专业知识，在这几方面高校应当在课程设置上有所加强。

针对创新型国际化人才培养模式，大部分调研对象较为认可培养过程的规范性、培养目标设定的合理性等情况，整体结果反映如图 2 - 17 所示，教学方法的多样化以及课程结构的科学性认同度最高，教学手段与课程内容的国际化有待加强，整体反映出高校国际化氛围和活动存在一定缺失。

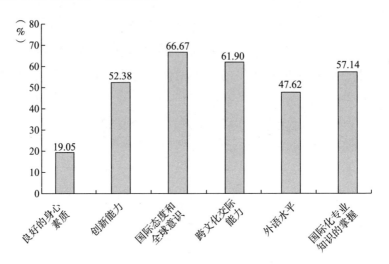

图 2 - 15　创新型国际化人才培养薄弱项目

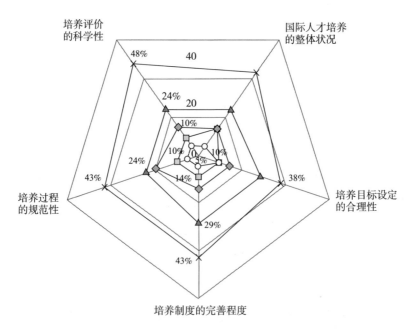

图 2 - 16　创新型国际化人才培养模式评价

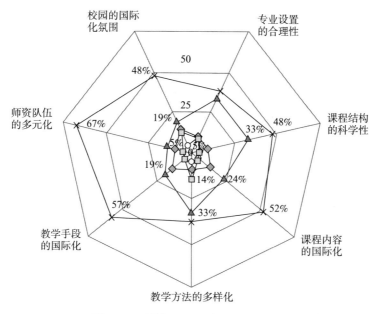

图 2－17　创新型国际化人才培养过程评价

受到师资力量、教学条件等方面的限制，当前创新型国际化人才主要的薄弱点依然集中在国际化能力的培养上，大学应该从完善国际化课程体系、整合海外优质教育资源、营造国际化校园文化和氛围三个方面着手，以加强校内国际化素质培养平台建设。

第二节　调查结果分析

伴随着综合国力的提升，我国在国际社会扮演着越来越重要的角色。在全球化背景下，具有国际竞争力的优秀人才是推动我国经济发展的内在动力，同时也是我国参与全球和地区事务，提升话语权和影响力的重要保障。

在我国企业走出国门参与国际竞争，外资企业不断扩容的同时，创新型国际化人才的需求缺口也越加凸显，吉林省高校如何结合吉林省省情，改进现有的人才培养模式已成为当务之急。

在教学层面，吉林省高校的生师比例侧面印证了师资力量的有限性。教授作为学识、经验丰富的教师，其主讲课程比例与学校对于教学的重视程度息息相关。调查数据显示，各大高校较为重视学校的教学质量以及教师的培训进修，但师资队伍的学历结构以及海外留学比例尚有优化空间，引进高层次人才依然是吉林省高校发展的重点。

在国际交流合作中，与吉林省高校合作的国外高校，不管是欧美国家还是亚洲国家的高校，在世界上处于前 200 名的高校还没有。另外合作的机构和项目都是本科及高职高专层次，全国 213 个研究生层次的合作办学机构和项目无一是吉林省的。原因主要在于吉林省高校教育的整体水平较低，在国际上知名度较低，除吉林大学和东北师范大学两所高校在国际上有一定知名度外，其他高校在国际上知名度较低，所以很难与国外知名度高的高校合作。在深化国际合作的基础上，可以通过项目本身输送更多的教师去发达国家高校交流学习，学习国外先进的教学模式、教学方法、教学理念等。同时可以通过国家政策鼓励更多的教师出国研修，这样不仅可以提高合作办学的教学水平，对吉林省高等教育自身教学水平的提高也很有裨益。

同时，培养创新能力、促进创业活动开展仅靠创业园的拉动是绝对不够的，提升广大高校学生的创业意识和创业热情是关键所在。各高校及相关部门需创新举措，加大宣传和教育力度，促进更多的大学生关注创业、提升创业意识，积极地投入创业活动中。

总体而言，吉林省高校在培养创新型国际化人才方面有了一定建树，但依然存在许多不足之处，有待改进。

第三章

国内外国际化人才培养模式的经典
案例分析及启示

第一节　国外经典案例

一　哈佛大学

哈佛大学始建于1636年，逐渐从一所乡间学校发展成为世界一流大学的翘楚。纵观其近400年的发展历程，在教学以及管理上均有具有里程碑意义的重大举措，不断变革的培养模式为世界输送了难以计量的优秀人才。[①] 探析哈佛大学人才培养模式的独特之处，借鉴其办学方面的成功经验，对创新吉林省人才培养模式具有重要意义。

1. 严谨与灵活并重的遴选方式

高校开展人才培养计划的步骤首先就是录取学生。不同学校录取要求以及录取比例差异很大。作为美国最难申请的一个学校，哈佛法学的录取率是非常低的，仅有7%左右。据相关报告显示，2011年，共有34950名来自世界各地的学生向哈佛大学递交了入学申请，

---

① 张杨、张立彬、马志远：《哈佛大学拔尖人才培养模式探讨》，《学位与研究生教育》2012年第4期，第72~77页。

但最终被哈佛大学录取的学生仅有 2158 人。极低的录取率代表哈佛大学的学生素质水平质量较高，而此处的"质量"并非单指分数。作为一个高水平的学府，哈佛大学应该汇集各种拔尖人才，一直以来，其录取也是遵循这一原则，因此，对于那些偏才、怪才，哈佛大学从不会拒绝。而通过多年教育实践也能够证明，这些偏才和怪才往往会做出卓越贡献，成为大师级别的人物。哈佛大学录取模式兼具灵活与严谨的特点，所谓灵活指的是在录取学生时，哈佛大学没有一套固定的标准套用，所谓严谨，即在录取时，哈佛大学不但要考查学生高中时期的课程，而且还会考查其他方面的许多因素。一般而言，在实际录取过程中会参考以下指标（见表 3 - 1）。

表 3 - 1　哈佛大学录取因素

至关重要的录取因素 （very important admission factors）	人品/个性（character / personal qualities）
	课外活动（extracurricular activities）
	中学成绩（secondary school record）
	才干与能力（talent/ability）
重要的录取因素 （important admission factors）	班级排名（class rank）
	申请短文（personal essay）
	面试（interview）
	推荐信（recommendations）
可考虑的因素 （considered factors）	校友关系（alumni/AE relation）
	居住位置（geographical residence）
	少数族裔（minority status）
	义工记录（volunteer work）
	工作经历（work experience）

　　假如说学生在某一领域能力十分突出，并且在哈佛大学笔试、面试以及实际操作等考察环节取得了优异成绩，那么该名学生就会

被哈佛大学认为是有才能的，便可获得哈佛大学学习的资格。哈佛大学的这种录取准则正验证了那句话："在哈佛大学，你过去学了多少不是最重要的，最重要的是在未来你能学多少，你的潜力能否真正发挥。"哈佛大学校长陆登庭教授表示：评估一个学生是否是一流人才不能单看分数。虽然说，书面考试非常重要，但书面考试成绩并不能代表所有，还应考察其他方面内容。哈佛大学在评价学生时有一套特有的评估体系。此外，陆登庭教授还提出，想要进入哈佛大学学习的学生，其不能仅仅是学习成绩好，还要具备创新精神、较强的求知欲、好奇心以及广泛的兴趣。

哈佛大学的录取工作是分工给校内各大院系完成的。录取委员会则一般会选择各院系中 6～8 名德高望重的教授来展开录取工作。在录取时，他们会多方比较申请者所递交的材料，从若干申请者中挑选出具有潜力的学生。而通常来讲，录取委员会成员比较和筛选学生的标准是十分多样的，并不会只单纯地考虑某一项指标，更多的是从综合角度来评判一个学生是否有潜力成为拔尖人才，在众多评判指标中，创新能力以及思维活跃度是录取委员会成员重点考量的内容。

对于进入哈佛大学学习的学生，学校创造了宽松的课程选择环境以及学习途径，这样在确保学生能够获得课业毕业所要求的学分外，还有利于他们自由构建知识架构。更难能可贵的是，学生自由状态下所进行的知识建构能够较大程度地提升学生自我认知，了解自身优势以及劣势，明确努力方向。作为一个致力人才培养的高等学府，其应为所有有潜力的学生提供机会，让他们能够通过不断学习，不断自我认知，不断完善自我以及不断调整定位和目标。事实上，有许多人才在成为杰出人才过程中都经过一次或者多次定位的调整与转行，甚至说这其中还有许多诺贝尔奖获得者。比如美国著名化学家罗阿尔德・霍夫曼，他在获得诺贝尔化学奖之前先是于

1958 年获得了哥伦比亚大学的文学学士学位；于 1968 年获得哈佛大学物理博士学位；接着从事了多年的物理教学工作，然后于 1968 年开始担任化学教授，从事分子轨道对称守恒原理研究工作，并于 1981 年获得了诺贝尔化学奖。他最开始研究的领域是文学，后来转行到了物理，再后来转行到了化学，罗阿尔德·霍夫曼对自己进行了两次定位调整。在课程选择上，哈佛大学给予了学生较为自由的选择，将课程选择权交给了学生，这是"后通识教育"，对于拔尖人才的培养，该教学方式比"通识教育"更能促进学生自主学习和自主创新能力的培养。

2. 广度与深度并举的学业方案

在教学活动中，课程学习是主要的教育手段，是在校学生学习和掌握知识的主要方法。因此可以说教育培养出人才的质量与课程的选择、设置以及考核等息息相关。由于课程学习是学生最为常见的学习知识的手段，所以拔尖人才往往更在意课程选择自由度，以求能挖掘自身学习兴趣，满足自身创造性思维需求。除了希望能够自由选择课程，拔尖人才往往还会期望在课程上增加更专业的知识或更深层次的学术讨论。从某种意义上讲，迎合拔尖人才的这些心理能够在很大程度上提升他们的学术素养。而要完成这项任务就必须制订一套对人才培养具有针对性的计划来保证执行。

哈佛大学注重通识教育，以此拓展学生知识的广度和深度，并在 1978 年推出了"核心课程计划"，旨在将学生培养成能力与理性兼具的人才。

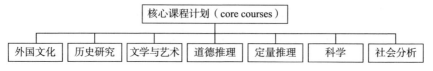

图 3-1 1978 年哈佛大学"核心课程计划"

2002 年 10 月，哈佛大学开始了课程改革，基于原本的核心课程对大学本科生的课程进行了全面改革，除了将原本的十一类课程划分为三大类，还增设了新的通识教育课程。而在制订具体人才培养计划时，"通识教育"理念更是表现得淋漓尽致，且具有一定特色。笔者在此将改革后的"通识教育"称为"后通识教育"，以便与原来的做区分，从某种意义上讲，"后通识教育"是"通识教育"发展到一定程度的产物，是一种含有新内涵的通识教育。

课程改革具体到学校的各个院系，对于那些拥有较强创新思维的拔尖人才，系里不但不会约束他们自由选择课程，而且还会为挖掘他们兴趣、培养他们学习爱好而提供一切可以提供的资源，对于人才针对性培养计划，哈佛大学主要体现在政策上，放宽学生选课自由度，准许他们选择任何种类的课程，只要填写一张有院系制定的课程申请表，拿到毕业规定的学分值即可。除此之外，哈佛大学还开设了一系列交叉课程，且这些交叉课程多是延伸到周边丰富大学资源的课程，哈佛在校生可以依靠交叉课程自由选择相应的合作学校课程，获得课程学分。比如，对物理工程技术感兴趣的哈佛在校生都选修了麻省理工学院的物理工程课程，因为麻省理工在物理工程类课程上的资源要优于哈佛大学。

为所有拥有清晰的学习计划的准拔尖人才提供如此宽松的课业环境和学习途径的做法，既保证了学生学分的获得，又能使他们充分自由地进行知识建构。更为重要的是，这种协调状态下的知识建构会提升学生自我认知，有助于他们深化对自身优势与弱势的理解，并明确努力的方向。高度的自我认知从来都是一个人成长为拔尖人才所必需的基本品质之一，而这种自我认知必须建立在知识体系相对完整的构建之上。学校应该为所有具有潜力的学生提供机会，以适应他们在追求自身完善的过程中对自我定位与目标实现的重估。

事实上，有相当多的杰出人才都曾有过一次甚至数次转行，其中不乏诺贝尔奖获得者。如霍夫曼（Roald Hoffmann），他于1958年获哥伦比亚大学 Classics 文学学士学位；1960年在哈佛大学获物理学硕士学位；1962年获化学物理学博士学位；1962～1965年在哈佛大学工作；1965年任康奈尔大学副教授；1968年任化学教授，现任该校化学系主任，后因对分子轨道对称守恒原理的开创性研究，和福井谦一起获得1981年诺贝尔化学奖。从文学到物理学到化学，霍夫曼经历了两次对自己前途的重新考量。哈佛大学给予拔尖学生在选择专业时更多的自由，它集中体现在对知识构建与自我认知这一对相辅相成的概念的充分理解以及对学生自由选择权的最大尊重上，这是"后通识教育"在培养拔尖人才的教学实践中，比"通识教育"更能发挥其效能的部分。

另外，在课程"广度"基础上，哈佛大学的"后通识教育"改革为在校学生提供了更深层次挖掘各自兴趣与思维创造性的条件。在课程选择自由的基础上，哈佛大学在课程设计上引入了更先进的知识，以此来开拓学生的思维，由传统的被动教学转换为以学生为中心的主动教学，这种转变从某种意义上直接决定了哈佛大学人才培养的关键部分。在培养人才方面，哈佛大学主要致力于两个方面：第一，在课程教学中大力推进专业、深层次的学术交流并引导学生参与交流；第二，为学生配给专业能力强的导师，通过课外研究组的形式为学生提供学习氛围与平台。

作为美国顶尖研究机构，哈佛大学的创新项目基金以及学术研讨活动经费一直以来就十分充足。属于哈佛大学研究学院的各中心机构，也都有充足的资金开展创新项目研讨会议。且哈佛大学创新项目研讨贯穿于学习的各个阶段，不论是本科学习阶段还是博士后学习阶段，学术交流研讨会议都是经常举行。与本科学习阶段相比，博士后学习阶段的课程内容更具前沿性，所以需要专业能力较强、能够置身学科研究前沿的导师带领学生学习，为学生提供学习资料，指导他们学习新观点、新知识，进而引导学生在某一专业领域前沿有一定创新突破。

在上述这种导师课外辅导学习模式中，那些具有较强创新能力的拔尖学生往往会表现得更优秀，通过各种机会，不断认知自我，挑战自我知识体系，逐一突破科学前沿研究所遇到的瓶颈，进而完成从学生到学者的过渡，对拔尖人才培养而言，这一过渡是十分重要的一个阶段。

3. 构建独具特色的隐性课程形式

从某种意义上讲，学生的价值感以及成就感往往是由隐性课程所决定的。此外，自我认知导向、兴趣激发以及意志磨炼和行为规范等也都与隐性课程有着密不可分的关系。哈佛大学的隐性课程比较独特，其独特之处就在于住宿制及宿舍文化。

哈佛大学明确要求处于本科学习阶段的学生，其必须在校内住宿。之所以这样要求，主要原因是哈佛大学的宿舍文化和宿舍制度已经成为其教育的一个重要环节。本科宿舍楼由多个楼群组成，且不同的楼群都有着自己的特色文化传统，每座宿舍楼都设置了小教室、图书馆、餐饮等设施，集学习、餐饮、交际于一体。除此之外，宿舍楼内经常自行组织一些文体表演和学术研讨等活动，为师生提供充分的交流和沟通机会。哈佛大学本科生宿舍制度一直沿用至今，且始终坚持遵循一个理念：致力于将宿舍打造成一个便于管理和服务的优雅场所，一面与社会进行学术交流，一面与不同学者和老师进行互动和沟通。哈佛大学的宿舍已经成为学生学习生活经验的探路石。哈佛大学现任校长德鲁福斯特曾表示："哈佛大学的宿舍不单单是建筑，其还是一个集教学、互动与学习于一体的多元化社区。"①

4. 宽松与严格并存的评价制度

除上述两个方面外，哈佛大学在致力于拔尖人才培养计划中还有一个十分重要的内容，即创建了兼具宽松与严格的学业评价制度。宽松与严格，这两个看似意义相反的词共存于哈佛大学的人才培养体系中却不相互矛盾，宽松指的是学业评价内容的自由度，而严格则指的是评价标准严格，宽松的评价内容，严格的评价标准，二者相互融合，共同构建了一套科学合理的学业评价制度。

学业评价内容的宽松在一定程度上挖掘了哈佛在校生的创造力。哈佛大学设立了年度一次的助学金与奖学金评定，而在评定时，侧重考虑学生的学业评价分值，课程分数只占评定奖学金考量的一小部分。哈佛大学学业评价名目非常多，除课程分数外，社团活动、课外讨论等都在学业评价范畴内。在哈佛，在对学生进行学业评价时，考虑的往往不是结果，不是学生做了怎样的事情，获得了怎样的成就，而是学生在做某件事情时展现的是怎样的能力。看能力，而非事情本身，是哈佛进行学业评价遵循的主要原则。而对拔尖人才的培养而言，看重其能力而非事情本身是非常重要的。拔尖人才之所以突出，一方面是因为其优于一般人的智力和求知欲；另一方面则是因为"偏"。具备前一方面能力的学生只能称得上是"好"学生，但不一定会成为能够独当一面的拔尖人才，而之所以如此，其主要原因是其缺乏由"偏爱"发展到"偏执"的过程。而拔尖人才的这种"偏"的特质若要在学业评价中有所合理评定，则需存在一套考查学生能力而非绩效的考核标准才可实现。

虽然学业评价内容十分"宽松"，但实际上哈佛学生的日常学习

---

① 王晓辉：《一流大学个性化人才培养模式研究》，华中师范大学博士学位论文，2014。

生活并不宽松，因为每年度的学业评测都有严格的评测标准与执行准则，为了能够得到一个较好的评测结果，哈佛学生在平时的学习中非常努力，不放松。

以博士生课程为例，一般包含必修课和选修课。博士生在前四个学期要修完至少九门课的学分，规定其中有两门需要选择跨专业课程，且最终的成绩等级最低要求为 B 等。在这种硬性规定下，每年都不乏一些因难以达到课程要求而遭到淘汰的学生，比例约占同届的 30%。此后，博士生还必须通过综合考试，否则没有做学术论文的权利。即使通过重重难关，每年依然有约 1/10 的人未能通过博士论文答辩。

在哈佛大学的学业评价体系中，学术伦理道德评价占据一个十分重要的地位。哈佛大学的教授以及学生始终奉行"追求工作的原创性"理念。几乎所有学业评价中都会涉及"原创性"这一词语，原创性一方面能够反映出学生的道德品质；另一方面强调原创性能够激发学生的创新能力，而不是一味地总结前人的研究结论。对拔尖人才而言，追求原创性的品质是极为重要的。此外，哈佛大学的论文要求学生在论文内容中一定要明确哪些观点是引用其他专家的，哪些观点是自己提出的；且要求论文注释一定要规范，除论文外的其他课程作业若存在资料参考也需要注明资料索引。课程作业和论文也都要追求原创性，参考其他资料随意拼凑的论文不但会得到零分，而且其他方面的评分也会受到不利影响。

不难看出，哈佛大学在做学业评价的过程中，无时无刻不贯彻着"严格"这两个字，从课程考核到学术考核，以至伦理考核，这样近乎"严苛"的评价体系造就了具有学术独立精神、学术专业素养以及学术道德情操的一大批优秀拔尖人才。

5. 合作与竞争同在的集群建设

本书前文已经从录取、学业评价以及教学方式等方面分析了哈佛大学的人才培养策略。在实践的调整以及时间的积累下，这些人才培养策略已经成为哈佛大学教学的灵魂基础，是哈佛大学始终贯彻的"教育精神"。但笔者认为，由人才圈主导的集群化人才培养所发挥的作用往往会被上述"教育精神"所掩盖，进而导致目前的研究极少关注这种人才培养方式。事实上，以人才圈为主导的集群化人才培养模式一直以来都是培养拔尖人才所占权重最大的一个因子。通过创建拔尖人才圈，以拔尖人才带动拔尖人才培养，实现"人—人"与"人—校"人才培养机制的融合，是哈佛大学一直引领学术顶端，成为高等教育学府最重要的一个原因。

从上述学业方案、考核要求等多方论述能够看出，培养拔尖人才注重的就是"拔尖"这一特殊性。而正是因为不同于一般人，所以拔尖人才更需要"人以群分"，也就是打造一个具有拔尖人才的圈子。只有在拔尖人才圈中，拔尖人才才会更深刻地意识到无处不竞争、无处不合作，与水平相差不大的人交流、竞争、合作，他们的能力才会得到更进一步的提升，信念才会得到更深一层的坚固。从这一角度来讲，拔尖人才圈是督促拔尖人才不断进步的动力，是为创造力不断提供养分的土壤；而构建拔尖人才链则是手段，是培养拔尖人才的一种组织形式。

作为世界顶尖的大学，哈佛不仅拥有得天独厚的学术资源，遍布世界的优秀校友也为在校生提供了更多的机会。为了更好地管理和利用校友资源，哈佛大学成立了哈佛大学校友协会，具体构成如图 3-2 所示。

在人才培养过程中，哈佛大学集群化培养方式有以下两种形式：第一，由校友资源主导的学术交流；第二，以培养者为主体，自发组织的学术交流团体。这两种集群化形式一起构成了哈佛大学目前的人才竞争以及人才合作机制。

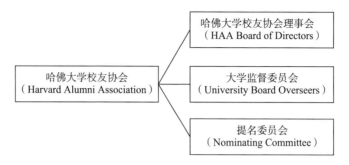

图 3 - 2　哈佛大学校友会组织结构

总的来说，哈佛大学之所以有如今这样的成就离不开其独特的拔尖人才培养模式。这种模式之所以能够获得成功，虽然也有地缘历史的原因，但该模式的自由开放才是造就其成功的主要原因。哈佛大学所特有的拔尖人才培养模式是哈佛大学引领教学先进潮流的基础。

二　牛津大学

英国牛津大学建校历史悠久，最早建立于公元 12 世纪，在西方古老大学中名列前茅。从最初建校一直发展至今，英国牛津大学为英国的经济、文化以及文学等多方面都做出了卓越的贡献，它一流的教学质量和高素质的人才培养饱受各国赞扬。英国牛津大学之所以会得此成绩，其主要原因在于其独特的教学模式——"学院制"和"导师制"。经过实践教学的不断调整，牛津大学不断实施课程结构调整，以最大限度地适应学生学习，提高学生素质。20 世纪 60 年代，牛津大学大刀阔斧地实施改革，打破原本学科限制，创建了一种单科、双科以及三科并立的课程新模式，成功培养了一大批一专多能、知识渊博的综合型人才。[1]

---

① 李文英、周恩慧：《英国牛津大学复合式课程模式探析》，《河北大学学报（哲学社会科学版）》2015 年第 2 期，第 24～28 页。

1. 教育理念

自建校算起，牛津大学目前已经存在了 800 多年，在这期间，牛津大学一直以培养有教养的人为教学宗旨。相比较于学识素养，牛津大学更注重品质教养。

在"培养绅士"这一教学理念的影响下，牛津大学逐渐形成了以教养绅士为目标的自由教育系统。牛津大学强调人格教育与人格完善，反对教育的外在功利性，注重人文科学和基础理论研究。经过几百年的发展，牛津大学始终坚持以培养绅士为教育目标，而不是培养知识渊博的人为目标；牛津大学始终认为教养的重要性要高于学识；大学所承担的职责不是对学生进行专业技能训练，而是对其实施人性教育，提升学生教养。[①]

2. 导师制

牛津大学采用多样化的教学方式，注重学生独立思考能力和表达能力的培养，强调教学过程中学生的主体地位以及学生的参与程度。即使在本科学习阶段，学生也能够参加许多学术研讨交流会议，甚至还为本科的理科生设置了一些实验室会议。牛津大学的教学形式多样，且强调学生参与性，能够满足学生学习的多样需求。虽然课程形式的多样化是牛津大学教学方式的一大特色，但导师教学形式才是牛津大学最具有代表性的教学方式。

一直以来，牛津大学的教学重点都在学生的个别辅导上，由导师全权负责学生的课程教学、问题解答等。即使随着时间的推移与学校的发展，牛津大学的学生数量越来越多，牛津大学也一直秉承学生个别辅导的教学方法，甚至不惜让同一名导师同时带 3~4 名学生，即便如此，个别辅导教学形式仍然有不错的效果。导师教学在

---

① 别敦荣、蒋馨岚：《牛津大学的发展历程、教育理念及其启示》，《复旦教育论坛》2011年第 2 期，第 72~77 页。

一定程度上拉近了导师与学生之间的距离，让导师更加了解学生，有助于从学生的兴趣爱好、知识结构等方面入手因材施教，且给了师生之间充分思考和表达的机会。从学生角度来讲，导师教学的形式使其掌握了学习的主动权，因为导师在教学过程中不再是一味地扮演知识单方向传播者角色，而是扮演对学生学习进行一定程度批判的指导者角色。在牛津大学的学生课程学习中，导师辅导课占据着举足轻重的地位，表面上看导师教学是一种很随意的教学方式，但其实导师教学更有利于促进学生自主思考、自我探索能力的提升，在学生与导师之间的一对一互动过程中，导师能够充分了解学生的个性特点，而学生在导师面前也没有机会隐藏自身学习上所存在的一切不足，在这样一个关系下，学生始终处于教学的主导地位，是一种积极主动学习的状态，学生可能会对一切标准答案提出质疑，导师不但不会指责学生的自主钻研，反而鼓励学生提出疑问，并考查学生如何为自己的观点做出论述，这种形式的解惑，能够培养学生的创新思维。正如牛津大学校长安德鲁·汉密尔顿所言，牛津大学导师教学形式的主要价值就在于其为学生思维能力的培养插上了翅膀。

3. 复合式课程模式

英国牛津大学的本科生在入学申请时，就需要确定自己的课程。每种课程的学制一般为 3 年或 4 年，个别课程如医学则需要 6 年时间。一般情况下，学生在学习 3 年或 4 年后，通过毕业考试方可获得文学学士学位（Bachelor of Arts），也称"最后荣誉学位（Final Honour School）"。牛津大学现设有 51 种课程，单科课程 25 个，双科课程 22 个，三科课程 4 个。总体上，联合型课程占据了牛津大学课程的一半，形成了独具特色的牛津大学复合式课程模式。

双科课程，是指将具有紧密联系或交叉内容的两门课程有机结合，学生同时学习这两门课程的相关科目。一般而言，第一学年开设这两门课程的基础核心课，各占50%；第二学年以相同的比重开设这两门课程的核心课程；第三学年（或第三、第四学年）则依据个人兴趣进行选修或深入学习其中的某一分支学科。

表3-2　牛津大学课程设置

单科课程	双科课程	三科课程
生物化学	考古学和人类学	工程学、经济学和管理学（EEM）
生物科学	考古学和古代史	材料学、经济学和管理学
生物医学	古典文学和英语	哲学、政治学和经济学（PPE）
化学	古典文学和现代语言	心理学、哲学和语言学
计算机科学	古典文学和东方学	
地球科学	计算机科学和哲学	
工程科学	经济学和管理学	
工程	英语语言和文化	
实验心理学	英语和现代语言	
艺术	欧洲和中东语言	
地理	古代史和现代史	
历史	现代史和经济	
艺术历史	现代史和英语	
人文科学	现代史和现代语言	
法律	现代史和政治学	
材料科学	数学和计算机科学	
数学	数学和哲学	
医学	数学和统计学	
现代语言	哲学和神学	
音乐	物理学和哲学	
东方研究	神学和东方研究	
物理学	哲学和现代语言	

续表

单科课程	双科课程	三科课程
心理学 神学 法语		

牛津大学所创建的复合式课程并不是单纯的累加多门学科，而是将具有一定关联性的学科进行整合，然后重新建构。学生同时学习这些具有关联性的学科，不但能够开拓思维，而且还有助于提高学生举一反三，通过自己综合分析解决各类学科难题的能力。

不论是哪种形式的复合式课程体系，牛津大学都始终坚持强调培养学生的创新能力以及独立自主学习能力。首先，在教学上，牛津大学采用导师制来辅导学生学业。课堂上老师只讲解一些知识重点，课程学习主要靠学生自觉性，许多问题都是通过自学解决的。完成课程作业后的剩余课外时间，学生跟随导师学习，钻研并完成导师所分配的课题任务，并定期找导师就自己所遇到的问题进行交流。导师制教学不但能够培养学生自主思考、学习的习惯，而且还能增强学生的表达能力，拉近师生情感。

4. 国际化教育

在最开始成立时，牛津大学就是一个国际学术团体。因此牛津大学天生就具有教育国际化的特征。牛津大学十分注重国际教育以及国际教学交流，其制定了多种方式来吸引其他国家优秀学生来牛津上学，且海外学生一直以来在牛津大学的入学率都较高。相关数据显示，牛津2万多名本科学生中，有1/3的学生来自海外，而牛津在读研究生中，则有63%的学生来自英国以外的其他国家，涉及国家范围极广，有100多个国家。生源的国际化在一定程度上为牛津大学创造了国际校园氛围，具有不同文化背景、社会背景、教育背景的学生汇聚在牛津大学这个大家庭中，也因此造就了牛津大学国际化教育的特色。

牛津大学之所以能够始终保持国际化教育水平，主要在于其重视与世界范围内其他大学的学术交流。牛津大学始终与世界其他大学或者研究结构保持频繁的学术研究交流与合作，并建立了在世界范围内具有一定影响力的研究机构，比如，英国牛津大学国立卫生研究院、国际研究型大学联盟等。目前，牛津大学正致力于与普林斯顿大学、耶鲁大学以及斯坦福大学展开合作，建立终身学习大学联盟，以期能够通过这一学习联盟为世界范围内的学生提供网上课程。

牛津大学将教育当作一种国际性的事业来经营，牛津大学制定了具体的国际教育战略，包括招收和资助国际学生，为入校的所有学生提供国际教育，研究与教育相关的国际合作等。在牛津大学，教学和研究人员参加国际教育合作是被认可和支持的，包括与其他国家开展学术研究、举办学术研讨会等。据相关报告，在 2003 ~ 2008 年，牛津大学的国际学术研究人员从一个较小的比例提升到 57%。在牛津大学内部，与其他国家或地区达成学术合作是一个被高度重视的事情，因为对教育而言，国际合作不但能共享合作双方的教学项目，把握研究潮流方向，而且还有利于国际研究的传播。正是因为牛津大学一直秉承与国际研究机构展开学术合作的战略，所以几乎国际上的各个国家都与牛津大学有一定联系。可以说牛津大学的学术研究覆盖全世界，据相关数据统计，牛津大学的学术研究成员和机构遍布全球，44000 多名校友遍布除英国外的 188 个国家。

三 东京大学

东京大学明确提出以"学术自由"作为办学宗旨，《东京大学宪章》规定："东京大学以基于学术的自由，追求真理的探究和知识的创造，维持、发展世界最高水平的教育、研究为目标。"① 《东京大学宪章》中指出，东京大学的基本使命是：超越国籍、民族、语言等各种束缚，追求人类普遍的真理与真实，通过教育和研究，为世界和平与人类的福祉，为人类与自然的共存，安全环境的创造，各地区均衡的可持续发展，科学技术的进步，以及文化的批判、继承与创造，做出贡献。②

1. 专业设置模式

东京大学设立了"教养学部"，这一机构在全日本只有东京大学有。"教养学部"正式设立于 1949 年 5 月 31 日，设立之初的目的主要是对东京大学学生进行通识教育。东京大学的教学理念与教育是由其第一任学部长制定的，东京大学的办学特色就是"延后分专业与早期涉猎知识全貌"。将本科教育划分为前期与后期两个教育阶段。前期主要进行的是通识教育，时间为两年，后期主要进行的是专业教育，即由学生自主选择学院与专业，待前期学习结束后进行这一阶段的学习，时间为 2 年。东京大学人才培养模式奉行的是"推迟专业化"原则，而执行这一原则的目的是加强学生的通识教育，提高学生的基本人文素质。在前期教育阶段，除了进行通识教育，东京大学还开设了一系列培养特定人才的交叉学科，将最先进的教育与研究内容融入教学中，旨在让学生更充分地认识自己，认识较为前沿的研究成果，进而更早地了解自己的专业兴趣所在，为后来选择合适的学院与专业打下基础。基于此特点和目的，东京大学的这种教学方式被称为是"早发现"，与"推迟专业化"这一思

---

① 吴守蓉、白石则彦：《日本东京大学人才培养特色的探析及其启示——以森林科学人才培养为例》，《中国林业教育》2015 年第 6 期，第 72 ~ 77 页。

② 董泽芳、袁川：《国外高校成功培养创新型人才的经验与启示——以哈佛大学、牛津大学和东京大学为例》，《现代大学教育》2014 年第 4 期，第 26 ~ 32 页。

想相互辅助，在前期教育阶段让学生发现自己的兴趣以及自身所擅长的专业领域，进而有利于培养全面高素质人才。

表 3-3　东京大学人才培养方案①

前期课程类 （1~2 年级）	培养目标	主要后期课程学部 （3~4 年级）
文科一类	以法学与政治学为中心的全面的社会科学基础，深刻理解相关人文与自然科学诸领域，养成对人与社会广博的见识	法学部、教养学部
文科二类	以经济学为中心的全面的社会科学基础，深刻理解相关人文与自然科学诸领域，养成对人与社会广博的见识	经济学部、教养学部
文科三类	以语言、思想、历史为中心的全面的人文基础，深刻理解相关社科与自然科学诸领域，养成对人类的文化与社会的洞见	文学部、教育学部、教养学部
理科一类	以数学、物理、化学为中心，学习数理科学、物质科学、生命科学的基础，培养对探究自然基本法则的好奇心，并深刻理解科学技术与人类社会相互影响的关系	工学部、理学部、药学部、农学部、医学部、教养学部
理科二类	以生物、化学、物理为中心，学习生命科学、物质科学、数理科学的基础，培养对探究自然基本法则的好奇心，并深刻理解科学技术与人类社会相互影响的关系	农学部、药学部、理学部、工学部、医学部、教养学部
理科三类	以生物、化学、物理为中心，学习生命科学、物质科学、数理科学的基础，培养对探究人类自身的好奇心，并深刻理解生命与社会	医学部

---

① 吴思佳：《日本东京大学"教养教育"研究》，《高等教育研究学报》2016 年第 1 期，第 71~75、110 页。

2. 拓宽学科基础的课程设置方式

经过教学实践的不断摸索与改革，东京大学目前已经基本完成课程改革，在本科课程的基础上，增加了通识课程以及交叉学科和选修课程，以求能够实现学科内容的前沿性以及综合性。东京大学教学方式的独特魅力在于其重视通识教育，而其专业教育与通识教育之间所存在的界限并不明显。东京大学的通识教育分为两个课程，一个是前期课程，一个是后期课程，时间期限都是一年半，后期课程的主要目的是衔接学生后续的专业教育，确保学生能够适应专业教育课程。新生入学以后，可根据爱好和擅长进行文理科选择，文科理科都需要学习六类课程，其具体课程分类如表3-4所示。

为了适应交叉学科、边缘学科发展的教育趋势，东京大学对传统课程进行了改革，在原本课程基础上增加了一些交叉课程。在制定交叉课程时，东京大学强调文理科相互渗透，使课程逐渐向着多元化、综合化的方向发展。东京大学通识教育阶段基础类课程主要包括统计力学、量子力学、生物学以及物理化学等学科，开设这类课程的目的是培养学生的应用能力以及对自然科学的理解能力。东京大学通识教育所开设的综合类课程主要包括宇宙系统物理学、生命系统学、能源计划学、生态计划学等科目，开设这类课程的主要目的是加强边缘科学研究教育，培养学生解决社会复杂问题所需要的预测、评价以及决策能力和科学理论方法。即使是基础实验课程，东京大学也实现了不同学科实验的整合，比如通过增设"基础实验"新课程代替过去的物理和化学等实验课程。编制"基础实验"新课程的老师指出，该课程着重引进了未来自然科学领域所涉及的实验方法和概念，在一定程度上增加了学生选择的空间。除此之外，东京大学的所有课程都实行学分制，并在一定程度上提升了学生选择选修课的自由度以及范围，大大减少了必修课程，与日本其他学校相比，东京大学学生所选的必修课较少，选修课却十分多样。

表 3 – 4 东京大学本科前期阶段的课程设置

课程	对应科目	具体内容
基础课程	外语	从英语、德语、法语、汉语、俄语、西班牙语、韩国朝鲜语、意大利语、日语（仅限留学生）中任选两门语言
	情报信息	从信息学的层面学习关于信息的科目
	体育与健康	体育实技，包括运动科学的讲解和实践
	基础练习	旨在培养文科生文献查找、讨论、发表等必要能力的少数人的小组讨论
	社会科学	讲授法律、政治、经济、社会、数学等五个领域的课程
	人文科学	讲授哲学、伦理、历史、词汇和语法、心理等五个领域的课程
	方法基础	遍及哲学演习、史料论、文本分析、数据分析等四个领域的小组讨论
	数理科学	包括微分积分学、线性代数学以及各自的演习
	物质科学	由力学、电磁气学、热力学（理科一类）或化学热力学（理科二类、三类）、构造化学、物性化学组成
	生命科学	
	基础实验	理科一类的基础物理实验和基础化学实验为必修，理科二类、三类的基础物理学、化学实验和基础生命科学为必修
综合课程	A（思想·艺术）	语言与文本、现代哲学、表象文化论、比较文化论、思想史、科学史
	B（国际·地域）	国际关系论、平和构筑论、地域文化论、日本文化论、古典文化论、历史世界论、文化人类学、国际交流（各类第三外语）
	C（社会·制度）	现代法、现代社会论、相关社会科学、公共政策、现代教育学
	D（人类·环境）	地球环境论、人间生态学、认知行动科学、身体运动科学、信息媒体科学、科技与伦理、科技与系统、现代技术
	E（物质·生命）	物质科学、生命科学、宇宙地球科学、相关自然科学
	F（数理·信息）	数理科学、图形科学、统计学、计算机科学

续表

课程	对应科目	具体内容
主题课程	主题讲座	关于某一主题，多位教师共同承担的短片式讲座
	自由研究 seminar	对于教师设定的主题以小组讨论的形式展开
	体验 seminar	利用东京大学位于全国的数量众多的研究设施，通过亲身体验来学习

3. 推进因材施教和国际交流的教学制度体系

近年来，东京大学为了更好地适应学生个性发展的需要，在构建多样化的人才培养制度上进行了一系列的改革，形成了适合自身发展特点和具有东京大学特色的教学制度体系。与其他世界一流大学一样，东京大学也建立了学分制、双学位制、主辅修制、本硕博连读制等现代教学制度，同时，还在结合自身历史传统与未来战略目标的基础上，锐意改革创新，形成了具有自身特色的分流制、国际访学制等教学制度。

为了能够让学生找到适宜自己发展的途径，发挥各自特长，东京大学还制定了分流制度。在入学时，设置了初步文理分流，待前期阶段学期完成后，学生可以根据自身的兴趣或成绩，重新选择专业。初步分流是在入校初，专业分流则是在第二学期开始到第三学期开始前结束。东京大学的分流主要分三次，第一次，学生根据各自兴趣以及各院系的名额选择一个学科和一个院系，待填报完毕后，由各院系根据标准逐一录取，录取工作结束后，再进行第二次志愿填报，此次填报学生可以填三个志愿，然后由各院系进行录取，录取工作结束后若还存在招生名额未满的学院，则未被录取的学生再进行第三次志愿填报。东京大学学生填报志愿流程为：待每学期学生成绩公布后，各学院开始进行招生，招生前会明确招收名额以及招收准则，学生依据各自兴趣和成绩选择学院，填报志愿，在这一过程中学生有更改自己志愿的机会，待填报志愿月公布第一次分流录用后，未被录用的学生再次根据上述流程填报志愿，直到第三学期开学前结束。

东京大学提出了建设"世界性教育研究基地"的宏伟目标。为实现这一目标战略，东京大学制定了国际访学制度，积极鼓励教师和学生到其他大学或研究机构中去学习。目前，东京大学已经与多个国家达成了国际研究交流合作意向，并大力邀请其他国家的一流学者来东京讲学。除此之外，为进一步鼓励学生出国访学，东京大学还预备推出新生年期休学制度，这一制度主要是针对入校新生，为了方便新生去其他国家留学，准许新生休学。除上述制度外，东京大学还预备推出短期休学活动制度，针对那些入学半学期或者一学期的学生，若要选择短期留学，则准许其进行休学。东京大学所奉行的"世界性教育研究基地"国际性战略目标，使得其与全球范围内前沿研究与尖端技术均保持着良好的协同互补关系，为学生创新能力的培养以及国际视野的开拓提供了一定的条件。

4. 实行尊重师生的教学管理模式

东京大学以"教授治校"和"学术和学生发展"为基本教学管理理念。自建校以来东京大学始终保持高学术水平教育的主要原因在于重视和尊重教师和学生的教学权利。在教学事务方面，东京大学的老师和学生拥有较高的自治权以及较大的话语权，学校给予师生话语权其实就是尊重学术发展的具体体现。在东京大学仅有少部分的行政人员，且这些行政人员也不负责院系的行政管理工作，而是负责服务性工作。在院系管理中，教授占据着管理的主导地位，他们具有行政决策权力，但通常来说，他们的决策权都是为科研和教学服务的。此种管理模式最大限度地保障了东京大学的学术自由。

东京大学最具代表性的教学组织形式就是"大讲座制"。讲座起源于德国大学，是一种科研与教学相结合的基层组织。东京大学引进了德国大学的讲座制度，并根据其学校实际状况对讲座制度进行了改良，东京大学引进"大讲座制"的主要目的是提升学生各学科的学术水平。一般讲座的负责人是学校或行业内比较专业、权威的教授，讲座成员则由讲师、副教授等成员组成。若学校内某院系经常开展讲座，那就代表该院系拥有一支强大的师资队伍。为了使教学内容能够适应科技发展，东京大学引进讲座制，并对其进行了适当的调整与创新，最终创建了"大讲座制"。与德国大学的"讲座制"有些许差异，东京大学的"大讲座制"中除了包括多名权威教授，还包括讲师、副教授以及其他雇员等，该制度下，教授具有讲座开设时间内容、组织人事以及经费等方面的自主权。东京大学的"大讲座制"在融合了传统讲座制度长处的同时，进一步增加了授课的开放性与自由度，这样不但有利于促进师生情感，而且还能够提升学生的学术水平。

四 多伦多大学

多伦多是一座世界著名的国际化都市，被誉为"都市中的世界"。180多年前，多伦多大学诞生于此。在近十年发展中，多伦多大学成立了数个国际事务机构，积极吸纳国际学生，推进科研国际化，提高了多伦多大学国际化水平。

1. 多伦多大学国际事务机构设置

（1）校内国际事务机构

多伦多大学设置了许多旨在促进大学国际化发展的机构，主要包括国际学生交流办公室、国际学生中心（圣乔治校区国际学生中心、密西沙加校区国际学生资源中心和士嘉堡校区国际学生中心）、城市与社区研究中心等（见表3-5）。同时，多伦多大学为了加强对国际关系发展的战略规划，创建了国际交流数据库，详细记载了外出代表团和来访代表团、国际项目和合作研究等基本信息。在院系层面上，多伦多大学各学院或研究中心都积极参与国际学生交流和国际项目交流，通过开发国际学生、项目、科研合作等网络交流平台，加强与世界的联系，有力地推进了多伦多大学国际化发展。

表3-5　多伦多大学校级国际交流机构与职能

机构名称	职能
国际学生中心	支持和促进国际教育发展，为来校学习和研究的国际学生提供各种服务，同时也为本校具有跨文化兴趣、出国学习与工作的学生服务
国际学生交流办公室	促进多伦多大学与加拿大境内以及世界上各合作机构和大学之间的学生交流，为学生提供各种学习的机会，体验不同国家不一样的文化、价值观念和生活方式
研究与服务办公室	国际研究服务部鉴定和争取国际资金，从而增加国际研究资源，支持大学在国际化战略中发挥主要作用
城市与社区研究中心	致力于与世界各国与地区院校、组织机构之间建立跨部门与文化的交流合作关系，共同学习，联合研究
在线国际交流数据库	为来校访问代表团、出国访问代表团、国际项目以及合作研究等系列的国际活动相关信息提供便捷查询途径

（2）海外国际中心

多伦多大学校内国际关系发展机构是保证大学国际学生与国际项目发展，促进大学国际化不可或缺的重要部门，而海外国际中心也是多伦多大学国际化发展的重要组成部分。目前，多伦多大学设置了3个海外中心，分布在亚洲和欧洲地区。多伦多大学海外中心主要承担当地国际交流事务，包括科研合作，学生、教师与学者交流，国际交流会议等（见表3-6）。

表 3 - 6　多伦多大学海外国际中心

名称	分布地区	主要职能
亚太地区发展办公室	中国香港	咨询中心；大学高层访问的行政支柱；为招生委员会提供支持，代表多伦多大学在当地进行访问与参观，负责香港学生奖学金计划
多伦多大学柏林处	德国柏林	为多伦多大学学生与教职员工提供一个国际研究与对话的场所；促进加拿大与欧洲学者在跨学科范围的合作关系；提高多伦多大学在未来国际学生和研究伙伴关系上的认识
锡耶纳中心	意大利锡耶纳	与锡耶纳大学密切合作，包括艺术史和政治学方面的研究；通过学生、教师、大学部门领导等交流增强两个大学间的联系

2. 多伦多大学课程模式[①]

自成立以来，多伦多大学始终秉承"学校是追求真理、探讨学问和传播知识的地方"的办学理念，多伦多大学的教育方式主要强调的是"学术自由"，且认为学习要像对待树一样，细心灌溉，才能使其茁壮成长。所以，多伦多大学本科教育以通识教育为主，致力于培养学生人际沟通能力、创造能力、社会适应能力等。在《迈向2030》规划中，多伦多大学指出，未来仍然要以激发学生的求知欲、提升学生创造能力、培养学生实际能力教育为主，且在此基础上不断完善学生的学习环境，不论是课内还是课外都要致力于为学生提供一个良好的学习氛围。多伦多大学人文课程的目标就是尽可能地提升学生的读写与创造性思维能力，为他们日后工作打下基础。

多伦多大学的人文课程模式属于"超市型"，即没有专门设置和专门设计的必选人文课程。以多伦多大学规模最大、历史最悠

---

① 强海燕：《世界一流大学人文课程之比较——以哈佛大学、斯坦福大学、多伦多大学为例》，《比较教育研究》2012 年第 11 期，第 20~24、38 页。

久的主校区圣乔治为例，本科生毕业要求修完 20 个学分的课程，其中 4 个学分为通识教育学分。多伦多大学的 1 个学分指开设 1 学年的 1 门课程，0.5 个学分即开设 1 个学期的 1 门课程。因此多伦多大学通识教育的课程量为 4~8 门课程，其中人文课程作为通识教育的选修，可在文理学院开设的 1000 多门人文社会课程中进行选择。

全校学生均可以选择每种专业所开设的人文性质课程作为选修课来学习。一般而言，由于多伦多大学专业种类较多，所以根据专业范围所开设的人文性质课程种类也就十分繁多。比如，多伦多大学的艺术学所开设的人文性质课程有 173 门，社会学所开设的人文性质课程有 110 门；东亚研究学以及政治学所开设的人文课程则分别有 100 门和 173 门。除课程门数繁多外，课程范围跨度也是非常宽的。比如，近东和中东文明专业所开设的人文课程有 130 门，但这 130 门课程的内容范围跨度是极大的，其中有涉及语言和文学的，有涉及考古学的，有涉及建筑学的，还有涉及伊斯兰宗教发展等内容。再比如，历史专业所开设的人文性质课程有 207 门，但在这 207 门课程中，有涉及亚洲历史的，有涉及美国历史的，还有涉及欧洲史、中世纪史等。总而言之，多伦多大学人文课程内容范围还是比较广泛的，表 3-7 是多伦多大学所开设的人文课程举例。

表 3-7　多伦多大学人文课程"超市"：分类及科目

分类	科目及课程
人文（15）	建筑学、艺术学、古典、认知科学、比较文学、戏剧、东亚研究、英语、多种语言、犹太研究、音乐、近东和中东文明、哲学、南亚研究、妇女和性别研究
社会科学（7）	考古学、经济学、和平与冲突研究、政治学、公共政策、罗特曼商务、社会学

分类	科目及课程
跨学科（15）	原住民研究、美国研究、人类学、亚洲—太平洋地区研究、跨国移民研究、环境学、伦理学、欧洲研究、森林保护、地理学、历史、历史与科学技术哲学、拉丁美洲研究、语言学、宗教

在琳琅满目的人文课程"超市"中选择选修课程，就像是在知识的天空中自由地翱翔，没有限制，没有边界。虽然学生具有课程选择自由性，但多伦多大学针对自由性也做出了一定限制。第一，学分限制。所谓学分限制指的是学生至少选择 2~4 门人文课程，并顺利完成课程考核获得 2 个学分。第二，领域覆盖面限制。对于选课领域覆盖方面多伦多大学明确规定所选人文课程一定要涉及思想、信仰和行为，创造力和文化表现力以及社会和社会制度领域，多伦多大学的每门人文课程都会有所属领域的标注。第三，对课程级别要求有所限制。每门人文课程都会详细说明该课程所适合的年级以及是否需要先学习其他课程等。所以，可以说在一定范围内，学生可自由选择人文课程。覆盖内容广、涉及跨度宽、种类丰富的人文课程为多伦多大学的学生创造了良好的学习条件，使他们能够像树一样逐渐壮大。

3. 多伦多大学国际合作项目

（1）项目合作形式

多伦多大学致力于与世界各地区与国家的科研机构、高校、政府等部门建立起最广泛的国际合作关系。目前，多伦多大学已经与全球 40 多个国家签订 150 多个合作项目协议。这些合作协议内容可归纳为五类主要形式：合作研究行动、高校机构参与研讨会和学术会议、学术资源交流、短期学术课程、学生交换。

（2）国际项目分布

统计数据显示，多伦多大学国际项目主要集中在欧洲与亚洲两个地区，超过 80% 的国际项目分布在欧洲与亚洲。无论是区域分布，还是国家分布，多伦多大学国际合作项目均体现出区域分布不均衡的特点。英国、法国、德国、日本、中国、澳大利亚等是多伦多大学国际项目最主要的合作国家。这些与多伦多大学合作的国家有高等教育强国（如英国、法国、德国、澳大利亚等）和高等教育大国（如中国等）。

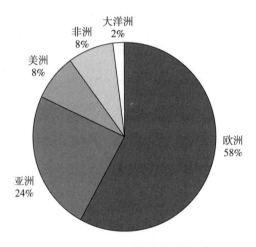

图 3 - 3　多伦多大学国际项目分布图

4. 多伦多大学国际化发展理念与政策保障

多伦多大学历来十分重视大学国际化发展。20 世纪 80 年代初，多伦多大学校理事会通过并颁布了一项关于国际学生事务的政策声明，强调培养多伦多大学全体成员国际合作与理解意识，同时指出大学应该为国际学生提供服务，包括文化与教育课程指导、设施服务、联络与协调等。在国际合作方面，校理事会出台了关于国际合作的政策，确保国际合作的规范性与可持续发展。其后，多伦多大学不断强化大学国际化发展理念，并制定政策加以保障。

1987 年，多伦多大学提出了招收国际学员的政策，且对于满足入学要求的学生，多伦多大学会给予一定的财政支援以及课程支持，与此同时，还规定国际学员在大学所学习的学位课程同于国内学生。1992 年，多伦多大学理事会提出"我们的使命就是将多伦多建造成一个有国际意义的大学"。并规定，后续产生自多伦多大学的研究成果要在国内以及国际上进行双重质量评估，以求多伦多大学的研究服务水平能够与国际水平相比拟。此外，多伦多大学理事会还表示，期望能够不断提高自身的教育水平，以求能够吸引世界各地的学生或学者来多伦多学习或进行学术交流。1993 年，多伦多大学进一步规范了国际教育合作项目中的人权保护问题。2008 年，多伦多大学颁发名为《走进 2030》的教育战略规划，在该规划中，多伦多大学再次向世界发出宣告：多伦多必将通过坚定不移的办学信念与努力将自身打造成为一所拥有高质量以及多元教育的国际型大学。多伦多大学相继颁布的一系列政策为其成为国际化大学提供了一定的政策基础。

表 3-8　多伦多大学关于国际学生与国际合作的政策与声明

政策名称	颁布年份	主要内容
《国际学生中心政策声明》	1982	通过具体的政策文件明确了中心的目的与职能，其目的是一方面服务学生个人，另一方面为多伦多大学全体社区成员培养国际合作与理解意识。主要的职能包括服务国际与国内学生、文化与教育课程指导、设施服务、联络与协调
《国际合作政策》	1982	为国际合作提供政策支持和指导，规范国际合作行为，并重申国际合作发展的重要性，明确了多伦多大学国际合作的六条原则
《国际学生政策》	1987	多伦多大学承诺招收更多的国际留学生，并且在财政支持、课程安排以及满足国际留学生的特殊要求等方面提供援助，同时规定国际留学生的学位课程与其他学生一样

续表

政策名称	颁布年份	主要内容
《国际性项目、协议与国际行为活动人权审核程序》	1993	在《国际合作政策》原则下进一步通过的政策文件，它规范了国际合作（包括研究项目、交流、协议、机构间伙伴关系以及非正式合作类型国际关系等）中的人权保护问题
《关于国际学生的承诺声明》	2005	取代1987年《国际学生政策》，明确规定了国际留学生原则声明与财政支持

第二节　国内经典案例

一　清华大学

自20世纪80年代以来，我国许多高校在创新型国际化人才培养方面一直在积极地探索和实践，采取很多措施促进人才培养，每个学校都形成了自己的国际化人才培养体系。其中，清华大学采取多种措施，形成了境内和境外相结合的创新型国际化人才培养体系。[①]

实际上从最初办学开始，清华大学就是国际化背景下的产物。清华大学从20世纪初期到20世纪50年代，主要是借鉴和学习美国的高等教育模式，这一阶段又可简称为"美国化时期"；20世纪50年代以后，清华大学进行院系调整，变成一所工科大学，进入了"苏联化时期"；从20世纪60年代末70年代初开始至今，清华大学的发展进入多元探索的新时期。[②]

[①] 安哲锋、宋微、顾沛卿：《我国高校国际化人才培养的远程途径之思考》，《湖南工业大学法学院·第三届教学管理与课程建设学术会议论文集》，湖南工业大学法学院，2012年5月。

[②] 史静寰：《构建院校主导的国际化实践模式——清华大学国际合作与交流案例分析》，《世界教育信息》2011年第5期，第24～27页。

1. 师资结构国际化①

根据官网统计，清华大学的教师总数为 3395 人，师资结构上，以教授和副教授为主，各占 40% 左右。清华大学的教师中具有博士学位的比例为 84%。

表 3 - 9 清华大学师资来源情况

职称	官网统计教师数	可获取信息师资人数	有博士学位的教师数	有博士学位的教师比例	海外博士学位者比例	博士毕业于本校者比例
教授	1355	816	627	77%	33%	30%
副教授	1488	770	695	90%	13%	44%
助理教授	552	200	198	99%	67%	20%
总数	3395	1786	1520	84%	34%	35%

注：清华大学教师数的学校官网统计截止时间为 2015 年 12 月。

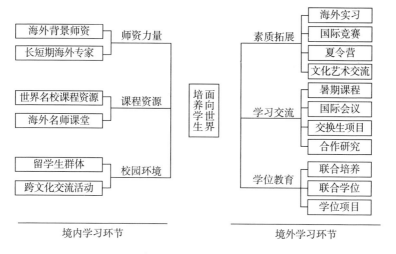

图 3 - 4 清华大学国际化人才培养体系

---

① 江小华、张蕾：《中韩研究型大学师资国际化战略及其成效的比较研究——以清华大学和首尔国立大学为例》，《高教探索》2017 年第 2 期，第 81 ~ 87、93 页。

清华大学有"百名人才引进计划""高级访问学者计划""讲席教授组"计划等。①

清华大学在岗位聘任和人才引进时实行院系教授会投票制度，强化学术标准，促进合理流动。实行"优劳优酬"的分配机制，对特殊引进的海外高层次人才实施协议工资制。

清华大学更重视青年教师的培养，设立了"学术新人奖""青年教师教学优秀奖""骨干人才支持资金"等，定期开展青年教师教学技能大赛、教学效果评估等，强化了竞争、激励机制；对35岁以下、第一聘期的教师发放专项津贴。

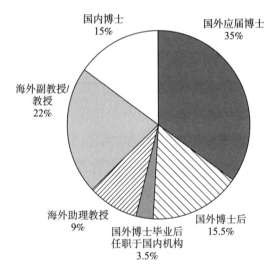

图 3 - 5　清华大学海外师资（全职）聘任类型

2. 国际交流与合作

目前，清华大学与很多一流大学和跨国公司建立了联合研究中心，开发了合作研究项目，比如清华大学—约翰·霍普金斯大学生物医学工程联合研究中心、清华—伯克利全球技术创业教育项目、清

---

① 施瑾欢、陆琪：《创新型人才队伍建设的实践与发展趋势》，《人力资源管理》2011年第12期，第154～155页。

华—丰田研究中心、清华—拜耳创新药物研究中心、清华—三菱研究中心、清华—西门子知识交流中心、清华—威立雅环境技术研究中心等。

一直以来，清华大学非常重视与国外高校建立广泛的国际合作关系，为教师提供大量机会赴国外进行交流、合作。广泛的交流与合作，不仅能够提升教师的国际视野和意识，也能提高教师的科研能力和创新能力。

在学校层面，清华大学推行"教学骨干派出计划""中青年教师海外研修提升计划"等项目，选派优秀的中青年教师到世界一流大学进行学习或参与教学研究工作，其中副教授群体是主要的受益对象。此外，清华大学还于2001年设立了"清华大学讲席教授基金"，用于聘请国际著名学者或教授团来校执教、参与科研并指导研究生。根据《清华大学本科教学工作水平评估自评报告》，截至2007年底，清华大学共聘请了讲席教授团组20个，有100余名世界一流大学的教授、副教授通过该制度来清华工作。

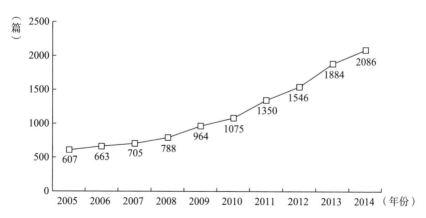

图 3 - 6　清华大学历年与国外机构合作发表 SSCI 和 SCI 论文情况

此外，合作发表是考察教师国际交流与合作成效的重要方式之一。SCI 和 SSCI 是美国科学情报研究所出版的世界著名综合性检索工具，许多跨国合作的学者都倾向于在这两个数据库中发表英文论文。

经统计发现，清华大学在 2005～2014 年发表 SSCI 和 SCI 论文共计 44565 篇，其中国际合作论文共计 11668 篇，占论文总数的 26.2%。

就合作国家的数量而言，清华大学与 73 个国家或地区开展过合作，与美国、日本、英国、德国、加拿大、中国台湾、俄罗斯、法国、意大利和瑞士等发达国家或地区的科研机构保持紧密合作，尤其是同美国研究机构合作密切。具体合作发文机构方面，清华大学积极与美国顶尖大学合作，如加州大学系统、麻省理工学院等。在美国之外，清华大学更倾向于同欧洲知名大学或科研机构合作，如英国牛津大学、剑桥大学，法国巴黎第六大学，德国马普协会等。

3. 师资管理

在高等教育国际化的背景下，师资管理的国际化也成为师资国际化的重要内容。没有国际化的师资管理制度，学校很难吸引和留住海外优秀人才。所谓师资管理的国际化是指高校不断学习和吸收别国先进的师资管理理论、管理方式和管理制度、激励办法等管理运行机制。在某种程度上，学校管理体制与国际接轨程度越高、师资管理体制越适应国际规则和管理，说明该校师资国际化程度越高。为了推进师资管理的国际化，清华大学倾向于借鉴美国顶尖研究型大学师资管理的经验进行广泛的改革，如实施公开招聘制度、终身教职制度、教师薪酬与考核制度、同行评议制度、师资服务制度等。

（1）非升即走

在过去，清华大学教师任职的人事制度是传统的事业编制制度，教师资格都是终生享有的。"铁饭碗"的形式极易造成教师教育方面的疏懒，而为了打破这一格局，1994 年，清华大学针对教师制定了这样一项规定：任职教师必须在一定期限内升为副教授，否则将予以辞退。该项规定的初衷是好的，但后来因为各种因素限制，该规定并未得到真正落实。为了突破教学被动境地，2003 年，清华大学开始试行终身教职制度，并选择了物理系作为第一个试点。终身教职制度的内容为：对于新入职的助理教授，其必须通过不断努力在六年内上升到副教授级别，否则就予以辞退，因为这种特点，终身教职制度又被称为"非升即走"制度。该制度将教师任职划分为两类，一类是准长聘制，一类是长聘制。给长聘制的教师一个较高的年薪，让他们能够静下心来深入钻研教学；给准长聘制教师制定"非升即走"制度，依照制度要求他们在六年内升上副教授。"非升即走"制度在执行的初期，老教师强烈抵制，为了保证教师资源不流失，最终清华大学决定该制度只适用于新人教师，即新进教师都要遵循"非升即走"这一原则。

（2）薪酬制度

除了制定"非升即走"制度，清华大学对原来的薪酬制度也进行了一定程度上的改革。过去，教师是按照月份拿薪的，而近些年来，清华大学所招聘的海归教师则是实行年薪制，通常三年为一个薪酬合同期。海外教师与其他教师薪酬制度不同，这就形成了清华大学的"双轨制"薪酬体制。而这一体制下有一个十分显著的问题，即老教师、新教师以及海归教师存在薪资差异大的问题。

（3）人才服务

打造一个师资力量强大的队伍，不但要考虑数量以及质量，校园生活和工作的舒适性以及便利性也是吸引教师的因素，所以这方面的问题也是校方所需要考虑的。良好的人才服务能够在一定程度上让教师感受到融入学校的幸福感，能够帮助教师较快适应学校节奏，投入工作。因此对构建和稳定师资团队而言，良好的人才服务扮演着十分重要的角色。此外，充满人文关爱的福利制度也能增强教师的幸福感，让教师稳定下来投入工作中。

经过多年改革与发展，清华大学现在已经从过去单一、局限的教学探索境地脱离出来，正向着国际化、多元化教学探索的道路上前进。在清华大学内部，组织政策是办学理念、教学活动的核心，但海外宣传力度不足；支持体系积极、正式系统，但与本土支持体系相比仍显零散；虽实施方式全面，但教授与院系之间的联系还不够系统化。清华大学的任职教师个人与海外研究机构、海外大学等交流频繁，但学校的整体整合度却远远不够。这就造成了教师与校方之间的隔阂，一方面教师会有不满情绪；另一方面校方又认为教师所参加的一系列学术交流活动未经过学校，没有将其资源转化为学校的资源。

二　上海交通大学

上海交通大学是中国近代历史最悠久的两所大学之一，从1896年诞生之日起，就立下了实业救国的宏愿。上海交通大学的精神：勇于担当的责任精神，为中华之崛起而读书；百折不挠、敢为人先的创新精神，上海交通大学是率先在海外设立研究生院，第一个和欧盟合作建立中欧国际工商学院的高校；脚踏实地、求真务实、追求卓越的科学精神，缔造了无数个中国的第一——第一台打字机、内燃发动机、核潜艇等。直到新中国成立以前，上海交通大学都一直坚持为国家工业化服务，是理、工、管学科齐全的大学。

1. 教育理念

上海交通大学的人才培养遵从以品行为基石的理念，培养知识探究、能力建设、人格养成三位一体的人才。育人理念可以用唐文治老校长的话来概括："欲成为第一等学问、事业、人才，必先砥砺第一等品行。"因此，在上海交通大学的育人理念中，品行占了非常大的比重。上海交通大学的育人模式特点是起点高、基础厚、要求严、重实践、求创新。正是因为坚持了以上五个方面的育人原则以及注重品行的育人理念，上海交通大学培养了大批优秀的毕业生。

上海交通大学的另一个特点是敢为人先。中美建交前，上海交通大学组织了第一个教师代表团访问美国；率先进行了劳动人事制度改革；作为高校第一个接受了海外捐赠；在国内高校中最早在国外招收 MBA 学生；最早在新加坡成立了我国海外的第一个研究生院；早于其他高校 10 年开始规划建设新校区，等等。

考虑到我国未来发展所需要的人才类型，上海交通大学在自身教学资源的基础上制定了人才培养目标，即培养一大批创新型人才。就目前来说，我国高等教育普遍存在大学功能失调、创新不够、忽视大学生个性发展等诸多问题。而要从根本上解决上述种种问题，就必须从大学教育入手。大学存在的宗旨就是培养人才，将有创新潜力的学生和有创新思维的老师聚集在一起，让他们产生思维与思想上的碰撞，进而让学生从中获得创新能力和学识。

2. 师资队伍建设

为了能够重新塑造大学教育灵魂，上海交通大学也做出了许多教学方面的改革。2006 年，上海交通大学学校领导层决定终止以往的学术论文奖励，以期教师能够将追求真理作为自己的教学精神信仰。2008 年，上海交通大学开始推行以问题为主要导向的科研教学。这里的问题主要指两个方面的内容，第一，面向前端科技提出一些科学问题；第二，面向国家重大战略提出一些亟须解决的问题，在不同发展阶段，上海交通大学为解决所提出问题还给予了一些思路和政策帮助。在 2007～2008 年，上海交通大学进行的是规范管理，而从 2009 年开始，上海交通大学实施的管理便从规范性管理过渡到了目标管理阶段，而到了 2012 年，上海交通大学则进一步进行了管理过渡，进入过程管理阶段，直到 2015 年，上海交通大学则从过程管理进入系统管理阶段，实现了管理的高度发展。

为了能够培养出创新型领袖人才，上海交通大学对课程体系以及人才培养理念进行了全新的改革。从世界范围内寻找权威专业的课程设计教授，为上海交通大学数理理科班设计科学合理的课程体系，制订具体人才培养计划。开设一年级和二年级数理理科班，从2008级学生中择优选出35名学生到二年级的数理理科班学习，从2009级学生中择优选出27名学生到一年级的数理理科班学习，并全面开始数理理科班的宣传、推广和招生工作。选择多个理科班作为一个试行院校，由校长承担院长职责，创建以培养创新型领袖人才为目标的特色学院——致远学院。致远学院常务副院长章俊良曾说："致远是要培养立志于成为引领未来中国经济社会发展和世界科技进步的创新型领袖人才，当代科学的发展和重大科学技术成就的突破很大程度来源于不同学科间的交叉与融合。所以致远要培养学生宽厚的知识结构和自我学习的能力，让他们有机会遵循内心的好奇与冲动，深入探究科学未知和人类社会发展面临的重大问题。"

为了营造浓厚的学术氛围，上海交通大学会邀请图灵奖、诺贝尔奖、菲尔兹奖获得者来校授课和讲学；同时定期邀请国际政要、社会名流、企业家、政治家来校讲座，与大师一起感悟人生。

3. 教学改革

上海交通大学的办学理念就是为祖国培养领袖人才。2008 年5～12 月，上海交通大学多次召开教学思想讨论会议，并于 2009 年正式提出了其未来所应秉承的教育理念——"能力建设 + 知识探究 + 人格养成"。该教学理念强调所有教学工作都应当围绕学生展开，构建教学与科研相结合、课内与课外相结合以及人文与科研相结合的课程体系。在该理念的推动下，上海交通大学全面落实了教育改革工作，修改了教学大纲，并在 2009 年的第三季度，开始全面实施新教学体系、新课表，真正落实执行"三位一体"教学理念。

此后，上海交通大学逐步将工科平台、工科专业、致远工科荣誉计划三类专业培养打通，将工科平台原有培养优势和特色推广到所有优势工科专业中去，形成"大工科"培养体系，扩大学生受益面。对特别优秀的学生可以通过选修难度加深的致远荣誉课程收获更多，毕业时如果能够满足条件，就可以获得上海交通大学致远荣誉学位。

除了工科试验班，该校还创设经济管理试验班，将给学生更宽广的平台、更自主的选择、更多发现和机会。理科试验班继续拓宽培养广度和深度，对接国家最新战略需求与人才导向，新增统计学、天文学等方向，为考生提供更多选择。另外，该校还融合生命、环境、化学化工、医药、食品、园林等学科方向，打造自然科学试验班，学生将接受 1.5 学年的贯通式平台培养，除数理基础课程外，修读涵盖化学、生物、食品、医药和环境等学科的特色课程。

上海交通大学在一流人才培养方面的特色教学模式，使其成为我国首批"优秀工程师培养计划"和"拔尖学生培养计划"的试点高校之一。

如果说学校是学生学习知识的场所，那么企业就是学生学以致用的地方。对于人才培养，企业扮演着十分重要的角色。为了能让学生提早适应企业环境，提升专业技能，上海交通大学与国内的 55 家大型企业和多个科研院所建立了校企合作关系，引进企业一线工程师到学校内部担任导师，教授学生课程。通过多年的教学实践和不断的调整完善，目前上海交通大学已经形成了四种完善的人才培养模式，即引进、对接、共建和联合培养。

4. 校园文化

在文化建设方面，上海交通大学文化集早期求实学、务实业文化和改革创新文化于一体，构建了多元化文化格局。作为国内知名学府，上海交通大学始终坚持责任与感恩并行的校训，以及不断超越自我，勇创一流学府的文化。除上述文化外，上海交通大学的文化精髓则是"天地交而万物通，上下交而其志同"，这正是上海交通大学名称的具体释义。①

三　浙江大学

自成立以来，浙江大学一直注重高层次的人才培养，"要培养公忠坚毅、能担当大任之人才"是老校长竺可桢在抗日战争时期提出的，希望能够培养出学贯中西、精研学术的拔尖人才。

改革开放之后，我国大力发展高等教育，浙江大学也抓住机会，发挥过去积累的学科优势，强化人才培养，注重因材施教，通过每个浙大人的共同努力，逐步确立了培养拔尖创新人才的教育理念，造就了一批优秀创新人才。②

以竺可桢学院为例，作为面向本科生的荣誉学院，它在人才培养方面两条主线齐头并进。

其一，在新生入学后，无论何种专业，按照文、理、工三方面确立培养平台。学生在选拔进入竺可桢学院后，会根据所学的大类开始基础性学习，时间为一年半，通过这段时间的学习，学生对各项知识有了基础性的了解，可以按照自己的爱好和意愿决定之后的主修专业，在导师的指引下继续修习课业。这不仅给了新生一个二次选择的机会，也体现了基础培养与个性培养的结合。

以文科综合班为例。设立文科主体平台的主要目的是针对我国高等教育中文、史、哲专业设置太窄的弊端，培养融通文史哲的高

---

① 张杰：《"三位一体"培养创新型领袖人才——上海交通大学人才培养目标探索》，《国家教育行政学院学报》2010年第10期，第3～5页。

② 邹晓东、李铭霞、陆国栋等：《从混合班到竺可桢学院——浙江大学培养拔尖创新人才的探索之路》，《高等工程教育研究》2010年第1期，第64～74、85页。

质量、创新型和富有专业特色的人文学科教学和研究方面的杰出人才。要求学生以"宽、交、专"兼备为特色，以知识、能力、素质并重为标准。该班招生主要是在文、理科保送生及优秀高考生中选拔录取。四个学年分为两个阶段，第一、二学年为通识（通才）教育阶段，着重开设各种高级通识课程和其他必修课、选修课，比如针对选择人文学院相关专业的学生就开设了12门高级通识课程；第三、四学年为专业（英才）教育阶段，让学生根据自己的兴趣和爱好选修和学习专业基础课和专业课，并在导师的指导下参加部分课题的研究或参加大学生科研训练。课程内容注重理论与实践的有机结合，通识教育与专业教育的有机结合，广度和深度的有机结合。具体而言，文科综合班的课程由四部分组成：（校级）公共课程、（院级）通识课程、（系级或专业）基础课程、（专业）核心课程。如公共课程主要是了解政治、经济、法律和管理等方面的知识，熟练运用外国语和计算机进行各种信息交流。

表 3 - 10　浙江大学文科综合班人才培养阶段设置

一、二学年	通识（通才）教育阶段	高级通识课程
		其他必修、选修课
三、四学年	专业（英才）教育阶段	专业基础课
		专业课

其二，竺可桢学院联合其他学院，在浙江大学建立了复合型人才培养平台，面向全校学生，实行专业外辅修的交叉式培养模式。成立的"计算机—竺院共建班""李志文商学班""巴德年医学班""文化中国班"等培养复合型人才的班级，都属于竺可桢学院拓宽基础、交叉培养的通识教育模式。

竺可桢学院的培养目标是以"为杰出人才的成长奠定坚实的基

础"为宗旨，培养造就基础宽厚，知识、能力、素质俱佳，富有创新精神和创新能力，在专业及相关领域具有国际视野和持久竞争力的未来领导人才。在这个培养目标的指导下，要求学生通过厚基础、宽口径的大类基础教育与自主性、个性化的专业培养相结合的培养模式，建立宽、专、交的多元化知识结构，强化学科知识基础、多种思维方式及人文素质的培养和训练，形成赖以应对不断变化的世界的持久竞争力。

1. 建立"重基础、宽口径、模块化"的课程体系

围绕拔尖创新人才培养目标，竺可桢学院在大类基础和专业基础的培养上，设立了文、理、工三大类平台必修课程、选修课程和一系列专业基础模块课程体系，使学生在宽厚的基础上有广阔的专业自主性选择空间。竺可桢学院的课程设置分通识课程、大类课程、专业课程和个性课程四大类（详见图 3 - 7），分别由不同的课程模块组成。如文科大类平台课程包含经管、人文、法学、数学四个课程模块；专业课程指各主修专业制定的核心课程；个性课程指实施导师指导下个性化的修读课程计划。通过这几类课程的整合，使学生前期打下通识教育的宽厚基础，后期突出专业教育和交叉学科的培养，较好地实现了知识的宽、专、交。竺可桢学院的课程在专业核心课程（与确认主修专业的核心课程相同）以外，还开设了全英文教学课程、双语教学课程、研究型课程和讨论型课程等教学特色课程，促进学生综合素质的提高。同时在各级平台课程的设置中，更注重培养学生的研究性学习。如混合班的教学计划修订中，在学院二级平台选修课程中设置了"数学建模"课程，学生不仅能亲身体会到打好数学基础对自己今后发展的重要性，增强学习数学知识的兴趣与自觉性，而且还能在实践过程中初步掌握应用数学知识开展科学研究和解决实际问题的基本技巧。通过该课程学习，学生学

会查阅文献资料、将实际课题抽象成数学模型、开展数学实验、设计算法、使用计算机求解（作图）、编制应用软件、撰写论文等，接受全方位的锻炼，实际能力得到极大的提高。据统计，浙江大学的国家和国际数学建模竞赛获奖学生大部分来自竺可桢学院。

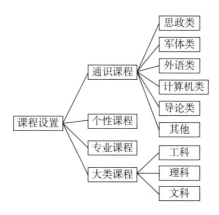

图 3-7 · 竺可桢学院课程设置

2. 实施自主性、个性化的专业培养模式

学生进入竺可桢学院后，第一、二学年不分专业，先在文、理、工三大类平台上进行通识课程和基础课程的前期培养，扎实掌握基本理论和基础知识，强化英语、计算机应用能力、数理（人文社科）基础的培养，为优秀人才成长奠定坚实的基础。在第二学年，学生在修读相应大类课程的基础上，根据自己的兴趣、特长自主确认主修专业，并进入后期培养阶段。从 2006 年起，学院在后期培养阶段，重点构建了多通道、多规格、模块化专业教育的人才培养模式。专门制定了"本科生教育特别培养基本框架"，为优秀本科学生提供多样化的学习和发展途径。学生既可按各专业普通通道进行后期培养，亦可按照长学制［如巴德年医学八年本硕博连读、教育学本硕（博）连读、法学本硕（博）连读、管理学本硕（博）连读］直接进入研究生培养，以及双专业、双学位（如计算机 + X、生物 + X、外语＋X、X＋信息、X＋管理、X＋法学、X＋经贸）等多通道多规格发展途径进行后期培养。竺可桢学院的学生在完成前期"宽基础"学习、即将进入后期"专、交"培养环节时，学生和专业学院教师通过双向选择确认导师。学生参加导师建议的学术研究活动，导师根据学生的特点、特长、兴趣和志向，指导学生制订专业课程培养方案，实行自主学习和个性发展。学生不仅在课堂上进行学习，还在导师的带领下，积极参与到课外学术活动、工程设计、课题研究和社会实践中，既提高了分析问题和解决问题的能力，又极大地提高了自主研究学习的能力。

3. 搭建创新导向的国际交流平台

以创新人才培养为导向，竺可桢学院积极拓宽国际交流渠道，为学生创造各种国际交流的机会，搭建国际交流平台。从 2000 年起，学院在参加学校组织的各项国际交流项目的同时，先后开展了"Melton Fellow""爱因斯特项目""卓越人才培训计划""中国企业体验实习奖励计划""走进香港"等 5 个项目，资助和派遣优秀本科学生前往欧、美、澳、亚洲国家和中国香港地区进行为期 1 周至 1 年的交流学习。其中"卓越人才培训计划""爱因斯特项目"等已经成为学校的国际交流品牌项目。竺可桢学院"卓越人才培养计划"受浙江大学汤永谦学科与发展基金会的资助，派遣优秀本科生赴英、美等国优秀大学，通过学术活动、社会调查、文化交流、参观访问等形式，深入了解异域文化，接触学术研究前沿，拓宽视野、增长知识，充分培养学生的观察、思考、交流、实践和协作的能力，营造竞争合作的成长环境。

4. 建立自主高效的管理机制

科学有效的管理体制是实施拔尖创新人才培养工程、落实各项方案措施的重要保障。学校各级领导都非常重视拔尖创新人才培养的教育理念、办班思想、课程设置等。在混合班创办之初，学校就指示校调研室、教务处、教育研究室等单位选派专人成立指导组，随后在校教务处专门设立教学二科，负责协调计划实施和其他相关工作。教学计划的制订、任课教师的聘任等由专门的教学委员会负责，学校拨专款用于课堂教学和实验条件的改善。成立竺可桢学院后，学生人数从原混合班每年百余名的规模扩大为每年 350 余名，为此，学校进一步明确和完善了拔尖创新人才培养的各个环节，包括教学管理、学生培养与管理、教师政策以及经费等工作。近几年，学院教学管理经历了从四年一贯制到"2+2"模式的转变，学生管理体制经历了从"条块结合，以块为主"到"条块结合、优势互补、分工协作、齐抓共管"的变化。2008 年 7 月，学校成立本科生院，竺可桢学院即隶属之。同时学校特许竺可桢学院的学生在校图书馆图书资料的借阅数目上享受研究生待遇；在使用计算机、网络和实验室上享有充分的便利；在享受奖学金、保送研究生和各种国内外深造机会上，学校也向竺可桢学院学生提供相应的优惠政策。

5. 推动研究型教学改革

研究型教学是一种将研究实践融入教学过程的教学模式，这种模式有利于激发学生的潜能，培养学生的兴趣，增强学生独立思考和创新的能力。近年来，竺可桢学院通过建设有利于创新的学习环境、加强导师制等，积极引导和推进研究型教学改革。一是推进课堂教学模式改革，建设多元化的学习环境。目前，竺可桢学院已为学生开设校级以上精品课程 38 门，并设有全英文授课的课程，聘请了专业的外籍教师，大量采用国际前沿的英文版教材。除了在课堂学习上进行教学内容和教学方法的改革，还着重营造如下学习环境：网络学习，即通过网络向学生提供各种教学资源；交流学习，为不同背景、不同文化、不同学科的学生提供交流的途径和平台，如建立学生社团、举办交流会、推进学生出国（境）交流等；研究性学习，通过小型研讨课、学术研讨会、科研训练计划等，在研究实践中提高学生的创新能力；陶冶性学习，通过学风建设，营造良好的文化环境，潜移默化，使学生形成良好的品位和品格；实践性学习，通过实时实地的考察实践，巩固深化所学知识。二是积极参与各类学科竞赛和科研训练。浙江大学从1998年开始推出大学生科研训练计划（SRTP），每年举行一期，研究内容涉及理、工、农、医、人文、经管等各个领域。竺可桢学院积极参与学校科研训练计划，以及校内外各级数学建模、电子设计、机械设计、结构设计、程序设计、多媒体作品竞赛、机器人大赛、挑战杯赛等竞赛。近年来竺可桢学院学生在各类竞赛中获得国家级奖项4个、省级奖项14个。近三年来，在国际、全国大学生数学建模竞赛上，获得国际特等奖3人次、国际一等奖9人次、国际二等奖27人次。三是建立高水平师资队伍。竺可桢学院充分利用学校优质资源优势，积极发挥各个专业学院的师资特长和学术特长，选聘各学院的学科带头人、两院院士、长江学者、政府基金奖励学者、博士生导师、"教书育人标兵"等一批学识渊博、思想活跃、经验丰富、对教学工作满腔热情的教师承担教学任务，其中80%以上的为教授和副教授。他们都是各个学科的带头人或骨干力量，处于学科研究的最前沿，把各自领域中的新观点、新视角、新方法引入课堂，讲解深入浅出，引导学生举一反三，收到了很好的成效。专业导师制是竺可桢学院培养机制中的一个重要环节，在全校率先建立。通过实行专业导师制，使得宽口径、重基础的前期培养和后期专业及科研能力的培养有机地结合起来，有利于发挥高水平教师在本科学生培养中的主导作用和学生的主体作用，有利于更好地实现竺可桢学院人才培养的目标和个性化培养的要求。

6. 营造竞争合作的成长环境

培养良好的竞争心理和其他心理素质对于创新人才非常重要。因此，竺可桢学院十分注重非智力因素对拔尖创新人才培养成长的影响，积极引入竞争与合作机制。一是建立严格选拔招生制度。竺可桢学院学生是由全国各地高中免试推荐入学的保送生和报考浙江大学的高分考生中经过严格遴选的文、理、工类优秀学生组成。选拔的这些新生进入混合班、文科实验班、理科实验班和工高班等班级学习，招生规模每年不超过 400 名，占浙江大学总招生数的 5% ~ 6%。选拔工作由学院成立专门的委员会负责。笔试着重考核学生对中学知识的掌握程度。命题重点考查学生对各学科基本思想的领悟程度。通过第一轮笔试的学生参加面试，重点考查学生的心理素质、谈吐修养等非智力因素。面试由学院聘请各方面的专家主持，旨在更加全面地考查学生、选拔人才。另外，每年从各专业三年级中挑选优秀学生进入创新与创业管理强化班和公共管理强化班等进行强化训练。二是实行"滚动制"培养。竺可桢学院实行开放式办学和"自主进出入制"，学生在大学一年级每学期结束后进行分流和择优递补，一部分不适应竺可桢学院教学模式的学生将分流回原录取系学习。通过这一管理机制改革，培养了学生的竞争意识，促使学生从被动地接受知识变为主动地汲取知识。三是着力提高综合素质。竺可桢学院指导建立了多学科讨论组、灵韵艺术团、法语社、CEO英语挑战者联盟等 16 个社团。这些社团既推动了学院学术文化氛围建设，又丰富了学生课余生活。学院通过开展学术讲座、社会实践等活动，使学生得到全方位的锻炼。

第三节　可借鉴经验

通过对部分不同国内外大学国际化人才培养模式的分析，发现虽然国别、环境各方面存在种种差异，但各个高校均在传承文化传统、发扬优良做法的基础上，依托时代的发展，不断改革创新教育体制，形成自身独具特色的人才培养模式。总结各个高校人才培养模式的主要特点，根据其中的共性因素，可以为吉林省培养创新型国际化人才提供借鉴。国内外高校国际化人才培养模式的创新经验主要有以下几点。①

一　教育经费保障

基本的财政支持是培养创新型国际化人才的必要条件，一个国家的发展潜力和发展速度与教育密切相关，各国对教育的投入可以从侧面反映出对教育的重视程度。纵观国内外各个高校的发展历程，政府对高等教育的投入都是逐年增加的。

从各个大学的发展中，我们可以看到，创办一流大学，离不开政府或私人企业给予的财政支持，保证国家对大学的财政支持及大学经费的合理使用。一是增加政府财政支出，优先保障教育。教育投入是支撑国家长远发展的基础性、战略性投资，是教育事业的物质基础，是公共财政的重要职能，要调整优化各级政府财政支出结构，优先落实教育投入。美国是当今世界最大的经济体，也是全球教育最发达的国家之一。据统计，美国在教育上的年投入高达9500亿美元左右（约合人民币6.2万亿元），人均教育经费约为2900美元（约合人民币1.9万元）。日本教育经费年投入约为1560亿美元（约合人民币1万亿元），人均教育经费约为1200美元（约合人民币7800元）。而我国教育经费总投入高达4.25万亿元人民币左右，但是由于我国人口众多，人均获得的教育经费仅为3100元左右，和日

---

① 王晓辉：《一流大学个性化人才培养模式研究》，华中师范大学博士学位论文，2014。

本、美国还有一定的差距。

二是改善教育经费来源结构，完善投入机制。国外一流大学的教育经费中，社会捐赠占据了很大比例。目前，要巩固完善以政府投入为主、多渠道筹集教育经费的体制，完善教育经费投入机制，在继续保持财政教育投入强度的同时，不断扩大社会投入，逐步提高教育经费总投入中社会投入所占比重。

三是合理利用教育经费，将大部分经费用于学科建设和科学研究。在美国，无论是公立高校还是私立高校，在进行预算编制时都会结合学校中期或长期的战略发展规划，在确定发展目标后，通过预算的资源配置作用，促进规划的完成。这种方式提高了经费分配与学校发展规划的契合度，有利于办学经费发挥更大效益。在办学竞争愈加激烈的情况下，预算管理不能仅仅以年度收支平衡为目的，更应加强其对发展规划的支撑作用，通过调整资金投入方向，加强对重点发展项目、学科的扶持力度，使规划内应退出发展的项目、学科得到指导性退出。

经费投入前要做好前期论证工作，对投入项目的必要性、可行性、有效性、存在的风险等进行公开、公平、公正、科学、规范的评估，对预算的具体安排也要进行综合评估，寻找最高效的使用方式。以支出比例较高的仪器设备为例，高校在投入前需科学论证增加的仪器设备是否有利于教学、科研等相应目标的实现，增加的仪器设备是否为最优选择项，使用频率是否高，是通过购入还是租赁方式获取等。

从组织结构来看，国外高校一般将预算的管理和具体执行工作剥离开，与我国高校财务机构设置普遍采用的集预算、会计、收费职能于一体的形式相比较，这种财务部门的组织结构权责更加明晰，更加注重预算的制定。从参与范围来看，国外高校各部门更加积极地参与到预算的编制过程中，并且需要接受教师、学生、提供经费的政府部门等利益相关方的监督与问责，这种统一管理和监督，又充分吸收各方意见的预算机制保障了经费的有效利用。

二 独特的生源选拔制度

独特的生源选拔制度使各个高校在培养创新型国际化人才方面成就斐然，其中共性的标准可概括为综合素质全面，学习成绩优异，具有一定的个人特质。目前，高中时期的各科成绩、证书水平依然是高校的重要选报条件，入学后的面试陈述、选拔考试也能反映学生的综合素质和沟通能力。国外一些大学会在入学要求当中列明，例如多少年相关工作经验加专科，甚至仅凭相关工作经验入学这样的替代入学法。而对于一些特殊的专业，比如有创作要求的专业，像电影、摄影、平面设计等专业，除成绩或者工作经验之外还会提出作品集的要求，而往往这类专业作品集的考虑比重会比成绩的比重考虑更多。同时，国外的高校也非常重视学生所提供的推荐信、个人材料以及平时课外活动的质量和数量。

此外，在美国，具有招生自主权的高校生源选拔具体由各学院教授组成的招生委员会组织实施，录取阶段采用的是"集体负责制"，录取原则和录取名单由招生委员会共同讨论，集体决定。美国的招生选拔制度是建立在诚信基础上的申请考核制度，而负责评审考核的招生委员会成员大多为院系的教授，他们大多有着显赫的地位和声誉，并且视学术声誉同生命一样珍贵。因此，一方面，高度自律的诚信文化约束着招生申请审核过程中教授和考生的行为，促使教授和学生自觉按照公平、公正、公开的招生选拔程序施行；另一方面，在美国，教授尤其是私立大学的教授都是聘用制，获得终身制的教授可谓凤毛麟角，教授如果违反招生选拔规则，并被学校成立的仲裁委员会证实，将面临学术生涯终止的严重后果，甚至面临法律的制裁。因此，高度自律的录取"集体负责制"是美国招生选拔机制公平公正的基石。

面对全球化的国际环境，国外一流大学越来越重视国际化和国际合作。多个国际的跨学科研讨会研究结果表明，跨地区、种族、文化学习的能力和理念有助于提高研究生的研究潜力和洞察力。而多数高校也都认为在解决高校发展趋向或发展难题的时候，发展国际"合作化优势"比发展"竞争性优势"更重要。因此，为了增加不同文化的交流，保证人才的多元性，世界一流的大学也会考量其他的一些因素，例如国籍、性别、种族、家庭、特长，录取一定比例的留学生、教职工或校友子女。

三 宏观政策支持

作为高等教育发展程度较高的代表，美国、英国、德国三国不约而同地从法律法规、财政政策、国际项目、服务机构等方面为其高校国际化人才培养提供宏观政策支持。经济腾飞的东南亚国家在20世纪90年代以后逐渐意识到国际化人才在国际竞争与合作中的重要作用，如新加坡、日本、韩国在国际化人才培养的战略支持、财政保障、人力投入和科学评价等方面均采取强有力的政策措施。各国代表性高校都致力于推动自身国际化进程：一方面，为本校学生"走出去"参与学术交流、社会实践、志愿服务等提供多方面的支持；另一方面，通过学生管理自治、特殊学费奖学金等众多优惠政策吸引国外留学生，以丰富本校校园文化，培养学生的国际化视野。

培养创新型国际化人才，一是坚持政府主导，完善政策法规建设。中国改革开放伊始，"面向世界、面向未来、面向现代化"成为中国教育事业的指导方针，政府相继出台一系列政策措施以推动高等教育国际化的发展。然而，部分法律法规过于原则化，缺乏实际操作层面上的具体指导和相应的政策支持，导致实际工作难以开展。因此，借鉴国外高等教育国际化经验，要先从制度着手，进一步细化相关规章制度，使其有据可行、有法可依、规范运作，为创新型国际化人才培养提供强有力的制度保障；同时要制定重点突出的高等教育国际化目标，确保国际化工作的连续性、稳定性，不断适应日新月异的高等教育国际市场。

二是扶持"第三部门"，服务人才培养需求。专门管理机构的设置对于国际化政策的执行具有重要作用。"第三部门"是政府组织和经济组织之外的以公共利益或团体利益为目标取向、以组织成员志愿参与为运作机制的正式的自治性组织的总和。与政府组织相比，"第三部门"的非营利性和民间组织身份使其更易于了解世界市场对国际化人才的需求，减少高等教育国际合作与交流中的阻力和障碍。然而，在中国，"第三部门"起步较晚，又受客观因素的影响，难免存在法制不健全、服务范围小、发展不均衡、从业人员素质低等问题。因此，在坚持政府政策主导的前提下，应进一步扶持从事高等教育国际交流与合作的"第三部门"的发展，将更多职能下放到专业社会组织和中介机构，充分挖掘和整合各方资源，明确权责关系，加强官民并举，合力促进培养创新型国际化人才的发展。

四　优化专业设置模式

世界一流大学之所以能培养出大量杰出人才，与其高质量的专业教育密不可分，也与其尊重学生差异的专业设置模式紧密相关。近年来，我国面向市场需求设置专业的意识明显提高，但对办学条件和市场的调查研究仍然不足，导致专业设置仍存在一定的盲目性、随意性和趋同现象。更重要的是在专业设置上忽视了满足不同学生个性发展的要求，专业划分过细、专业口径偏窄、设置时间过早（如多数大学仍是一进校就分专业）、设置空间过小（如转专业、转系、转院或跨专业、跨系、跨院学习困难等）。

在专业设置模式上，国外一流大学注重适应大学生的个性差异，在设置口径、设置方向、设置时间、设置空间等方面进行设计和改革，使专业设置具有灵活性，努力为大学生提供弹性化的选择空间，促进大学生的个性发展。在设置口径和设置方向上，国外一流大学注重拓宽专业口径和方向，如牛津大学近一半的课群（专业）为交叉学科课群。在设置时间和空间上，国外一流大学一般在学生入学后，先进行通识教育，并让学生广泛选修课程，经过一年半或两年的学习后，学生对自身的兴趣和想进入的专业有充分和理性的了解后，才确定专业。如果选定专业后感觉不合适，还有重新选择专业的自由。另外，许多大学还为那些觉得现有专业不能满足自己兴趣的学生提供了自主设计专业的机会，以充分尊重和满足学生个性化的学习需求。

借鉴世界一流大学注重个性发展，强调"宽""通""活"的专业设置模式，改造我们注重共性发展的过"窄"、重"专"、偏"死"的专业设置，才能更好地促进学生个性发展，培养出杰出人才。

五 重视人才培养理念

人才培养理念对人才培养模式的建构发挥着重要的引导和调控功能，只有首先确立科学的人才培养理念，才能形成具体合理的培养目标，并对专业设置模式、课程设置方式、教学制度体系等人才培养模式的其他构成要素进行指导和设计，形成完善的人才培养模式。因此，要建构和完善个性化人才培养模式，必须充分认识人才培养理念的功能。

20 世纪 90 年代，西方国家为了迎接新世纪更加激烈的国际竞争，纷纷调整人才培养战略，美国率先提出了"以学生为中心，课内课外相结合，科学与人文相结合，教学与研究相结合"的人才培养理念；英国将教育的重心由古典人文教育向现代科技教育转移，实现文理并重，完成从重视专业人才培养向跨学科的综合教育转变，实施宽口径综合课程教学，加强复合型人才的培养，从而提高整个国家的科技竞争力。从国际比较的角度看，当今国外一流大学都不约而同地将培养创造性作为个性化人才培养模式改革的主要理念。

吉林省大学要根据自身的定位和特色，认清自己的历史传统与比较优势，发掘自身的个性化特质，合理借鉴国外一流大学的先进理念，认真凝练个性化人才培养理念，瞄准大学生个性发展的内容与特征，科学设计人才培养模式。

六 注重改革教学制度体系

教学制度体系在人才培养模式的构成要素中占有非常重要的地位。构建科学先进的教学制度体系对提高人才培养质量具有重要意义。国外一流大学都极为重视教学制度体系的创新与优化，除了重视完善较为常规的教学制度，如学分制、学位制、弹性学制等，各一流大学还非常注重结合自身的传统与优势，构建独具特色的教学制度，如哈佛大学和牛津大学的导师制，东京大学的分流制等。考察这些教学制度的特点可以发现，其共同的旨趣在于适应学生的个性差异实施因材施教，通过激发学生在学习和研究中的主动性和能动性，培养学生的主体性，提升学生个性的创造性和和谐性。

健全科研制。科研制是培养学生创造个性的重要制度。一是要结合导师制和课程设置，吸收学生参与导师在研课题，或者在课程教学中加大研究性教学和研讨性内容的分量，要求学生在教师指导下，提交研究论文或研究报告等。二是开设专门的科研课程，重点讲授研究思维和研究方法，并结合大量的科研练习，专门训练和培养学生的创造个性。三是为学生提供充分的科研项目和经费支持，加大对学生科研项目的指导力度。四是在教学评价中设置适当的科研评价内容和标准，引导学生重视创造个性的发展。四是要继续完善访学制。访学制是学生接触学术前沿，开阔学术视野和形成跨学科、跨文化理解交流能力的重要制度，对学生个性发展有重要的促进作用。

完善访学制，一是各一流大学要从各自的校情出发，努力扩大学校的国际化程度，寻找更多的国外和国内合作高校，为学生提供更多的访学项目和访学机会。尤其是对参与个性化人才培养模式的学生，应该保证每位学生都有国外或国内访学的机会。二是要提高访学项目的学术价值。使学生能够进入世界一流大学的研究所、实验室或参加高水平的学术会议，与世界一流大学的教授、科研人员、学生等近距离接触，获得学术上的提升。三是要加大对访学项目的经费支持力度。

七 改革教学管理模式

高效灵活的教学管理模式对于提升教学管理水平，提高教学质量和人才培养质量是不可或缺的。各个高校为了推进教学的民主化进程，为实施个性化教学搭建管理和服务平台，十分注重对教学管理模式进行改革和创新。为了构建高效灵活的教学管理模式，对于专业课的教学，学校通常将教学管理的权力下放至院系一级，而对于通识课程或交叉学科课程，则在大学一级成立专门的管理和协调机构，以保证课程开发和教学的质量，例如，哈佛大学成立了专门的教学管理委员会对其核心课程进行开发和管理，所有的核心课程都由该委员会组织全校优秀教师单独开设，而不是由专业院系分别开设并附属在院系管理。

完善以学院为主体的教学管理体制。在大学整体的教学管理改革上，要继续完善院系作为管理主体的职、责、权。对于具体的教学管理事务而言，各个院系作为管理基层单位，它们与教学活动的关系最直接和紧密，对于教学管理的现状感受更为敏感和准确，因此应该赋予院系更多的教学管理权限，适度下放学校的教学管理权力，明确学校和院系教学管理的职、责、权，减少对院系教学科研活动的直接干预，让院系在教学管理改革中担当更重要的角色。在此基础上，对于个性化人才培养模式的教学管理，应该建立与其他专业学院平行的专职学院进行管理，避免由其他专业学院代为管理所产生的诸多问题。大学应根据自己的实际情况，努力增加可供个性化人才培养模式专门使用的教学资源。

同时，充分尊重学生的自主权。一是赋予学生知情权。一流大学在选拔招收参加个性化人才培养模式的学生时，就应该让他们充分了解教学管理上的特点，让学生知道培养方案、师资安排、经费使用、评优评奖以及住宿生活上的有关措施和规定，让他们明确自己所享有的学习权利和学习自由，同时教学管理部门应该加强与学生的沟通，让他们在有疑难困惑时能够得到及时有效的帮助。二是给予学生选择权。要充分保障学生的学习权利和学习自由，给予学生自我设计、自主选择和自主发展的空间，在学校的适当指导下，让他们自由选择专业、选修课程、选择教师、选择学习方式和学习年限等。三是授予学生参与权。一种科学民主的教学管理模式离不开管理者、教师、学生的共同参与，教学管理水平的提高必须要重视学生的需要和意见。大学生参与教学管理，对培养主体意识和自主自立能力有很大益处，在教学管理中，在制定培养方案、对教师的教学评价等事务上要保障学生的参与权，重视听取学生的意见，现在有部分大学实行的"教学听证会"就值得提倡。另外，学生参与教学管理为大学提高教学管理水平提供了重要的反馈渠道，一种教学管理模式是否合理，学生有很大的发言权，构建与个性化培养模式相适应的教学管理模式，离不开学生的积极参与。

八　培育多种课程形式

在我国，由于传统知识观的影响，在课程设置上重理论轻实践，重必修轻选修，不利于扩大学生的知识视野和创新思维能力的形成。因此，创新人才培养模式必须改变传统的课程设置方式。在课程结构上，应进一步打破专业藩篱和时空界限，淡化专业课程，增加专业选修与自由选修课程，发展网络课程，建立健全信息网络系统，充分发挥新媒体的平台优势，进一步加强国内外高校优质教育教学资源的共享，以期达到国际化的培养目标。在课程内容上，应坚持科学和人文相结合、专业知识与通识教育相渗透的思路，开设跨学科、跨文化综合课程，加深学生对国际形势和各国国情的认识，促进多学科课程交叉渗透，兼顾自然、社会、人文等诸方面的内容。

此外，在促进学生个性和谐发展上，隐性课程发挥着其他教育资源和教育方式所无法替代的作用。虽然国内外大学在历史传统、大学精神、校园文化等方面存在着差异，但无一例外都注意充分利用自身独特的条件加强隐性课程建设，形成全人教育氛围，促进学生个性的全面、和谐发展。无论是历史悠久的老牌名校如牛津大学、哈佛大学等，还是建校时间不长的后起之秀，都十分珍视自身优良的教育传统，利用导师制、住宿学院制以及优良的校园文化和丰富的社团活动，对学生的课外生活进行全方位的引导，通过与课堂教学形成合力，使学生在智力因素和非智力因素上都得到发展，更重要的是通过与导师的亲密交往，使学生受到导师的科学精神、人生观、价值观的熏陶，培养优良的个性品质。

九　完善教学评价方式

教学评价是人才培养过程的重要一环，也是检验人才培养效果的有效形式和对师生进行激励的重要手段，其核心功能是促进人的发展，关注学生交流能力、分析能力、审美能力、全球视野、问题解决能力、决策评估能力、社会互动能力及公民权利能力等八个方面的能力提升。对于国际化创新型人才的培养目标，国内外高校在传统评价方式的基础上，不断探索新的评价方式，促进评价方式从单一走向多元。

在评价的范围上，国外一流大学调整了以往过于重视结果评价的倾向，重视将过程评价纳入评价范围，通过平时课堂表现、课后作业、随堂测验、课程论文等形式，加大对学生学习过程的监测；在评价课程成绩时，不应将期中、期末成绩简单相加，而应该将上述成绩综合而成，进一步提高过程评价的比重，使过程评价发挥对教学活动的良性推动力，引导学生主动学习、主动探索、主动研究，使学生的创新意识与创新能力得以养成和提高。

在评价的目的上，更加重视评价的反馈、矫正及调控教学的功能，如哈佛大学在课堂教学中倡导学生及时反馈学习效果，既提高学生自我评估能力，又提高教师的教学质量。

在评价的依据上，更加重视对学生创新思维和实践能力的考察；在评价的方法上，除了考试，还通过实践操作、提交论文、口试答辩、成果展示、社区评价等多种方法进行评价。试题基于课程教学的内容，为学生展现运用知识能力和创新思维提供空间。理论性课程的考试，在考察学生理解知识的基础上，更侧重于考查学生运用知识的能力；实践性课程的考试，在强调实践操作技能的同时，要更重视对学生运用理论知识创造性解决问题能力的考察。

第四节 制度约束与环境约束

一 基础教育的制约

从某种意义上来讲，高等教育起点的高与低是由基础教育决定的。因为基础教育最终决定了进入高等院校学生的质量。现阶段我国的基础教育主要致力于学生素质的全面发展，忽略了学生个性发展的重要性。而"全面发展"又被广泛认为是德智体美劳、语数外理化全项全优。长此以往，我国基础教育指导思想便发生了一定程度的歪曲，开始认为独立个性发展就是与全面发展相悖，这样反而损害了受教育者的全面发展。例如，一直以来我们都强调要全面发展，遏制个性自由发展，不承认受教育者在受教育过程中的主体地位，将受教育者当作驯化的对象，不尊重他们独立的人格，在这样的偏激思想下，受教育者逐渐养成懒于思考的习惯，不会主动学习，甚至有部分受教育者唯书唯上、不思进取。国外有些专家甚至批评我国大学生是一个模子里生产出来的、缺乏创新思维能力的标准件。

我国基础教育过分强调共同基础与基本规格，且为这两项设置了一个十分高的门槛，这就在一定程度上遏制了受教育者的自由发挥。连基础规格的要求都还没有达到，何谈自由，何谈个性发展呢？在英国，满18岁的学生可以从几十门课程中选择自己感兴趣或者擅长的；而在法国，处在高中阶段的学生就可以自由选择其日后所要学习的学科与课程。从社会角度讲，只有存在于社会中的每个人都能够得到个性自由的发展，社会成员才会拥有多种多样的个性，才能真正实现社会的全面发展。国外著名教育家苏霍姆林斯基曾言：当一个十二三岁的孩子没有任何兴趣爱好时，家长和教师就应该要为他感到担心了，担心他未来也没有任何兴趣爱好，变成做任何事情都是机械的，没有创造思维的人。而我国目前的教育恰恰正缺少这种担心，在选择专业时，一味地考虑分数而从不考虑自身的兴趣爱好，这种现象造成的后果是严重的。

目前我国一些大学针对学生个性发展所制定的一系列教学模式存在多种问题，而造成这些问题的根源离不开基础教育的种种弊端。因为当前许多大学个性化人才培养模式所存在的问题已经不是单一因素所导致的了，这些问题与教育者有关，与学校有关，还与受教育者有很大关联。由于现在的大学生都曾受到了基础教育思想的影响，对他们而言，任何教育都是促使其学习的外因，只有激发受教育者的内因，才能发挥教学的真正作用。而内因一般指的是受教育者自身的学习自主性等。经历过竞争激烈的高考，大学生实现了人生的转变，高中课业的压力突然被解除，许多大学生失去了学习的动力，而大学学习基本是靠学生的自主性，尤其是那些参与个性化培养模式的学生，不论是科研制教学还是导师制教学，都需要学生发挥自己的自主学习能力才会有所收获。但现实却往往不尽如人意，许多大学生在高中阶段被繁重的课业或老师约束着，自身未达到自由发展，而一旦进入大学，其自主学习能力往往较差。本书通过调研发现，导师制教学很难实现较好的教学效果，其原因一是制度本身存在缺陷，二是大学生自主学习能力较差。所以，国外有些教育学家批判道：中国的教育实在离谱，先是在基础教育阶段将学生的创造个性泯灭掉，然后再要求高等教育阶段将学生的创造个性培养出来。虽然说上述评价有一定的偏见，却也道出了我国教育存在的一些问题。

我国高等教育一直以来实行的是高度集中的办学体制，由国家制定并执行统一的人才培养目标、专业与学科设置、具体教学计划等。长期实行这种办学体制必然导致单一的人才目标，尽管目前已经针对这一点进行了改革，依然难以在短期内"治标治本"。这种情况导致吉林省相同类型的人才供大于求，相同专业的毕业生所掌握的技能和知识基本相似，没有形成独特的竞争力。与此同时，具有创新精神或其他类型的人才缺口严重，单位或企业的"招工难"与毕业生的"就业难"并存，这种"千人一面"的人才结构也难以适应当前社会发展的需求。

二 教育投入不足

我国普通高等学校教育经费投入主要由国家财政性教育经费投入、社会教育经费投入以及受教育者个人教育经费投入构成。在我国普通高等学校教育大众化进程中，尤其是1999年高校大规模扩招以后，我国总体教育经费投入和普通高等学校教育经费投入均呈现明显增长趋势，但后者较前者增长缓慢，同时在我国普通高等学校教育经费投入内部构成比例关系中，国家财政性教育经费投入所占比例体现为逐步下降后逐步上升趋势，社会教育经费投入所占比例呈现稳定上升经跌降后缓慢下降趋势，受教育者个人教育经费投入所占比例表现为逐步上升趋势。

三 师资力量有限

根据吉林省高校的具体数据，吉林省高校现有两院院士10人、长江学者36人、国家杰出青年2人，分别占全国的0.76%、2%、

1%，国家"千人计划"以及"973"项目首席专家暂时空白，这种情况直接影响吉林省高校的科研能力、学科建设水平和面向其他地区的影响力、竞争力。

吉林省人才流失现象较为严重，由于缺少地缘优势，经济发展相对滞后，吸引人才、留住人才任务艰巨，而高校在连续扩招后，教师的培养速度难以与学校生源的增速保持一致，这也为借鉴其他学校先进经验、培养创新型国际化人才带来了难度。[①]

一直以来，人才的竞争主要在企业、高校之间展开。由于大型企业的工资待遇高，容易出成果，许多比较优秀的大学毕业生择业首先选择的是企业、公司，把选择学校作为自己的最后一道防线。其次，人才竞争是在不同层次学校之间展开。主要表现在低层次学校教师向高层次学校流动，待遇低的学校教师向待遇高的学校流动。吉林省地方普通高等学校的博士点、硕士点无论在数量上还是在专业的分布上，都远远落后于中央部属类院校。

此外，教师具有海外留学经历的人数较少，对国际化能力培养的帮助有限；部分教师教学理论缺乏，讲课方式不够生动，难以吸引学生的注意力。课程内容也相对空洞、单调，这也进一步限制了人才培养模式的实行。[②]

四 教学管理制度

1. 学分制实施不到位

经过实践调查，虽然设立了选修课，但部分高校学生并没有自主选课的权利，只能按照学校规定的计划上课，并且不能按照个人

---

① 孙卓、夏立峰、王冕：《当前吉林省高校创业教育师资队伍现状调查研究》，《才智》2016年第25期，第8~9、11页。

② 臧丽：《吉林省地方普通高等学校 SWOT 分析及对策研究》，天津大学硕士学位论文，2003。

兴趣爱好选择其他专业的课程，这进一步限制了学生的个性和未来发展。学分制并未真正落实，只会导致"千人一面"，影响学生的个性化培养方案。

2. 专业调整机制欠缺

当前，虽然吉林省高校皆出台了专业调整机制，但大部分院校都规定只有从未挂科且成绩名列前茅的学生才可以申请调换专业，这种制度往往会阻碍真正有调整专业需求的人，降低他们学习的积极性。部分高校已经认识到了这种制度的缺陷和局限性，但改革的步伐依然缓慢，依然只有少数人拥有调换专业的权利。①

---

① 王厦：《吉林省高校教学管理体制存在问题研究》，《劳动保障世界（理论版）》2013 年第 9 期，第 75 页。

第四章

基于需求导向的创新型国际化人才培养模式的本土化选择

第一节　需求调查

一　调查问卷

1. 调查问卷设计

（1）问卷发放

在"问卷星"平台上（http://www.sojump.com/jq/181332.aspx）有针对性地发放（见附录二）。

（2）题目设置和研究目的

题目围绕各单位人才现状、具体需求、当前缺口、能力要求等方面进行设置，旨在调查创新型国际化人才的需求状况。

2. 抽样和样本说明

（1）调研说明

本次调查问卷的调研对象主要为外资企业、国有企业、国有控股企业、合资企业、私营企业、事业单位及政府机关、高校以及其他单位的员工。受研究能力和资源的限制，难以在全国以及其他国家进行有组织、规律的抽样调查。但根据问卷返回结果以及分析中发现，以上几种调研对象均有所涉及。

（2）问卷调研时间

2017 年 7 月 25 日～2017 年 10 月 30 日，问卷调研时间历时3 个月。

（3）问卷回收情况

问卷发放 75 份，实际回收 75 份，回收率 100%，有效率 100%。

（4）调研对象地理位置分析

75 位调研对象中以吉林、北京等地居多，具体地理位置分布情况如图 4 - 1 所示。

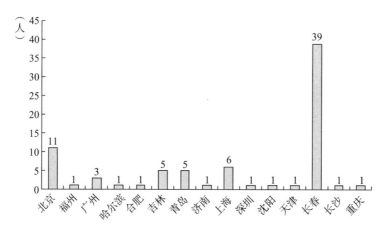

图 4 - 1　调研对象地理位置

（5）调研对象所在单位性质

根据问卷调研结果，调研对象中来自高校、事业单位及政府机关的居多，其余大多来自各类企业，不同的单位性质代表不同的视野角度，加强了调研结果的可信度以及严谨性。

答案选择其他的分别填写了银行、高校参股、律师事务所以及基金子公司。

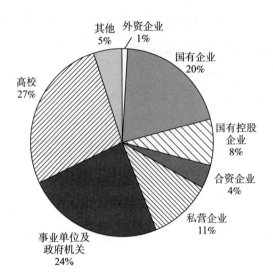

图 4 - 2　调研对象所在单位性质

二　调查结果分析

1. 您所在单位需要创新型国际化人才吗

58.67% 的调研对象选择了需要创新型国际化人才，36% 选择暂时不需要，有合适的创新型国际化人才可以作为后备力量储存；不需要，创新型国际化人才数量已足够选择的人数为 0。选择其他的调研对象则分别填写了暂时用不上；不需要；不需要，也不储备；有需求，但没到非常想要的程度。

调研结果显示大部分用人单位是需要创新型国际化人才的，少数企业对此完全没有需求。

2. 每年引进的创新型国际化人才数量

针对每年引进的创新型国际化人才数量，排除情况不一定、难以确定的用人单位，大部分调研对象选择了达不到需求，只有 2.67% 的选择了超出需求量，侧面证明就业市场上创新型国际化人才数量依旧是供小于求。

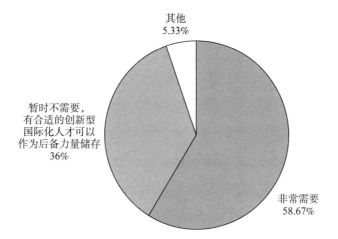

图4-3　创新型国际化人才需求度

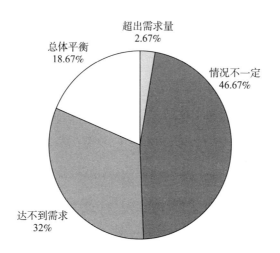

图4-4　每年引进的创新型国际化人才数量

3. 未来最需要的人才类型

在用人单位未来最需要的人才类型这一问题上，选择创新型国际化人才的比例最高，复合型人才正在逐渐成为企业的首要选择。

4. 下列哪些能力素质是企业在招聘创新型国际化人才时特别看重的

招聘创新型国际化人才时，用人单位最为看重沟通能力、创新能力以及分析能力，高校在设计人才培养模式时，应加强对这几种能力的培养。

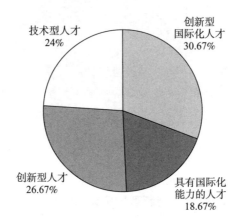

图 4－5　未来最需要的人才类型

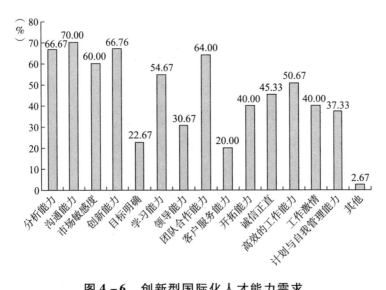

图 4－6　创新型国际化人才能力需求

5. 以下创新型国际化人才的能力与素质，哪些可以通过高等教育培养出来

根据调研结果，用人单位认为学习能力、分析能力以及计划与自我管理能力可以通过高等教育培养，而客户服务能力、工作激情、

开拓能力则很难依靠大学课堂进行培养。

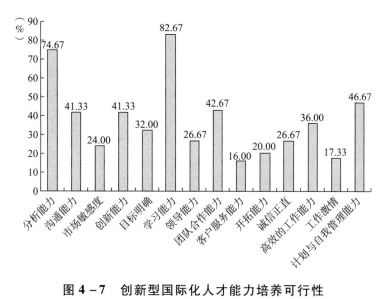

图 4-7 创新型国际化人才能力培养可行性

6. "中外合作办学 + 创业实践"的模式是否有助于创新型国际化人才的培养

超过90%的调研对象认为"中外合作办学 + 创业实践"的人才培养模式对于创新型国际化人才的培养有很大作用或一定作用。

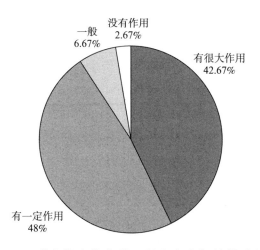

图 4-8 "中外合作办学 + 创业实践"的模式作用

7. 建议

一些调研对象针对渠道、资金、政策、实践等方面提出了自己的见解，具体包含：适当放宽学生选拔途径，去除行政化管理教学模式；加强与国外院校合作；理论联系实际；搭建有效的交流平台，积极整合市场资源，提供有力的政府政策支持；和国内实际情况结合；加大国际交流合作；建设好的平台，助力人才能力展示；多学习先进国内外地区有效经验，结合本省实际综合考量促进吉林省人才培养；学校培养人才导向和师资视野；增加与国外学校交流机会，见识更多，才有学习动力；吉林省地处东北老工业基地，具有一定先天优势，但同时也距离中国东南沿海地区较远，区域优势不明显，老工业区经济发展转型较困难，"孔雀东南飞"，培养创新型国际化人才能否留得住、能否对接本地企业、能否具有较强的竞争力值得思考。

综上所述，目前创新型国际化人才依然有较大的缺口，高校的人才培养模式能够在一定程度上培养学习能力、分析能力以及计划与自我管理能力等国际化人才所需要的能力。

第二节　现有国际化人才培养模式综述

一　"工学交替"模式

"工学交替"合作教育是指"与工作相结合的学习"。对于高校来说，"工学交替"模式不仅培养学生学习的主动性、目的性，而且有助于提高他们的职业能力和综合素质。

"工学交替"模式的第一特征是要求学校与企业建立相对稳定的合作关系，形成互惠互利、合作双赢、共同发展的合作体制。达到既能使学生获得专业理论知识，又能掌握职业技能的目的。同时，还能够培养学生企业文化、职业道德等方面的素质。"工学交替"模式的第二特征是学生在企业实习时有着学生和企业员工两种身份。在实习期间学生的管理工作要以企业为主、学校为辅、校企共同管理。"工学交替"模式的第三特征是学生在企业进行顶岗实习，可以获得一定的劳动报酬。这样可以帮助家庭困难的学生完成学业。"工学交替"模式的第四特征是学校和企业共同对学生在企业实习期间的工作情况进行考查、评价后，对实习期间表现优秀的学生可以优先录用，通过企业和学生的双向选择，解决了部分学生的就业问题。[①]

"工学交替"模式具体要求如下。

1. 教学主体双元化发展特征

在实际发展阶段，高等院校应当与企业保持良好的合作关系，进而打造双元驱动、联动、互动关系体。所谓双元驱动主要是指两个载体作用能够充分发挥出来，进而对企业人才培养积极性进行全面调动，在相关因素作用下，学校教育资源开发热情也会充分体现出来；对高等院校拓宽学生就业空间的欲望进行全面调动，使企业资源利用率得到全面提升，共同为实现互利共赢发展目标创造良好基础条件。而双元联动主要是指以人才培养为核心，企业与高校在专业建设过程中打造良好的联动关系，尝试在校园内建设实训基地，不断进行业务联动推广，进而确保企业经济收益水平得到全面提升。双元互动主要是指企业经济人员转化为专业建设顾问，同时提供相关理论知识与传授服务；以校企合作关系为依托，不断开展校园文化建设活动。

2. 理论与实践教学相结合，使课程体系所具备的互动效用得到全面发挥

从传统发展状况来看，我国高等教育主要从层次结构角度入手，

---

① 曹宏：《高职院校工学交替模式研究》，河北师范大学硕士学位论文，2010。

开展相关课程设置活动，其中包括公共基础课、专业基础课及专业课。以学科为核心，确保课程模式带有显著的系统性、完整性，同时方便进行课程编制操作，共同为提升学生的认知能力打下坚实基础。但由于很多理论研究与实践操作存在本质性差异，学科自成系统与学科之间未能形成显著作用关系，整个过程中，学生的学习时间已经进一步延长，学业压力也有了显著增大。因此，我们需要开展相关课程体系改革活动，打造一体化教育体系，为互动课程模式建设做好充分准备。首先，打造理论教学体系，维持稳定运作状态。完全按照企业要求开展相关高校课程设置活动，尝试从多个层次进行定向人才培养。其次，通过开展实践教学活动，维持稳定教学模式运作状态。采用校内与校外课程联动方式，确保模块运作能够逐层推进。校内课堂主要包括两个渠道，分别是主导渠道和自主渠道。在实际发展阶段，两个渠道相互影响、相互作用，共同实现预期发展目标。

3. 采用理论与实践相结合的教学方式，并完成双重教材的编制

理论教学与实践教学大纲保持独立运行状态，而且独立形成教学体系。所谓教学大纲即主要的教学执行计划，是进行人才培养的指导性文件，同时也是教材编制的主要参考依据。要实现"工学交替"的教学发展目标，必须确保"双纲"的运作模式能够相互促进、相互影响，必要情况下，启动理论课教材与实践课教材分设方式。其中，理论课教材编制过程中，应当将系统及基础性特征充分体现出来，尽量采用多样性表达形式，如图片、表格等，避免长篇幅的文字叙述，以免对学生的学习积极性造成不良影响。实践课教材编制要注重与岗位需求的有效结合，学校可以自行编制相关教材内容。受"工学交替"发展模式影响，实训教材包括以下表现形式：案例型教材、岗位训练教材、按活动项目编排教材、企业岗位培训

教材。

4. 教学与考核方法共同进行改革，并推行毕业生双证（或多证）制

要全面改革传统考核及教学方式，首先，考核方式需要以岗位需求为核心，进行相应质量标准设置，其中，应当确保多元性考核方式效用能够充分发挥出来。进入实际教学阶段，要不断进行过程考核的强化，在满足条件的情况下，可以尝试用职业资格考核方式代替传统考试方式。应当采用管理教学、行为引导、案例教学、情景教学等多种方式相结合的教学方法，在相关教学活动开展过程中，始终确保学生所占据的主体地位充分体现出来，同时注重对学生自主学习意识的有效培养。要求毕业生在拿到学历证书的同时，也能够拿到对应的职业资格证书。双证书制度有助于确保学生的综合素质水平得到全面提升，进而尽快解决就业问题。从运作模式角度分析，应当采取有效措施，将职业认证纳入相关教学计划中，并完成相应资格鉴定站建设，共同为打造良好资格认证条件做好充分基础准备。打造多样化质量保障体系，确保教学质量能够长期处于不断上升发展趋势。为了保持较高教学质量，"工学交替"教育模式应当从以下几方面入手，确保自身教育质量得到全面保障：学校与企业签订工学交替协议，明确相关政策的实施方式，包括专业种类、学生人设等内容；制订弹性教学计划；学生适当参与岗位实际操作活动；为学生发放相应劳动薪资；学校与企业共同开展工程管理活动；对学生的实际工作表现进行考核；学习与工作的时间设置基本各占一半；理论学期与工作学期要交替进行。①

① 黄诗义：《高职院校工学交替人才培养模式研究》，《合肥工业大学学报（社会科学版）》2010 年第 4 期，第 149～153 页。

二 "创业实践"模式

"创业实践"模式是充分挖掘学生潜能，开发学生创业基本素质，培养其从事创业活动所必须经历的过程。合理的"创业实践"模式的构建，能够为大学生的创业实践活动提供各种必要的保障和支持，最大限度提高高校大学生创业实践成功的概率。

1. 竞赛牵引

所谓"竞赛牵引"其实指的是利用国内或者国际相关机构组织竞赛，帮助相关创业实践问题。一般而言，大学生参与最多、最为常见的创业实践就是创业大赛。世界上第一次举办大学生创业计划大赛的大学是奥斯汀德州大学，举办时间是 1983 年。该比赛举办的目的是鼓励大学生参与创业实践活动，让大学生从没有资本的创业者角度出发，就某一产品或某一服务制定可行性报告，并向在场的投资家阐述自己商业计划的可行性，尝试说服他们投资。创业竞赛的直接结果是孵化出了一批以大学生群体为主的创业者，更为重要的是通过参与这种竞赛，大学生的创业意识和潜力也会被激发出来。从教学角度来讲，"竞赛牵引"模式不但能够提升大学生的创业水平，激发大学生的创业斗志，而且能使学生的成果走出校门，进入市场，吸引投资，孵化一批大学生创业项目。

2. 社团运行

所谓"社团运行"指的是以社团为基础来确保项目顺利进行，解决创业实践的受益面和可持续发展问题。高校为学生提供了课外实践活动丰富的环境以及类型多样的学科，这就将一些具有相同爱好的学生组织起来，而这些兴趣相投的社团赋予了创业实践独特的优势。在创业实践过程中，兴趣相投的大学生组成的社团是活动的主体，它以参加竞赛为动力，以创新为指导，以社会投资为保障，这种社团运行的"创业实践"模式是大学生参与创业实践的核心。

3. 中心保障

所谓"中心保障"指的是基于创新中心的管理，为项目活动的开展提供指导以及保障。开展创业实践活动时，平台扮演着十分重要的角色，因为任何项目运作都无法脱离平台而正常运行下去，在大学生创业实践活动中，学校扮演着"中心保障"的角色。首先，创新中心应科学有序地管理大学生社团组织，对于培养大学生创业精神，激发大学生创业斗志，高校有着无法推卸的责任，而要实现人才创业精神的培养就需要不断提升办学水平和办学理念；其次，应该为创新中心专门配备一支优秀的教师队伍，来解决大学生参与创业竞赛时面临的种种问题；再次，学校应建立一个创新中心基金，整合社会和校内资源，为大学生参与创新实践提供一定保障；最后，创新中心要履行引进外部赞助的职能，为学生参与创业竞赛争取经费和机会，在学生与企业之间架起一座可靠的桥梁。

4. 社会融资

所谓"社会融资"指的是在创业实践活动举办期间，吸纳社会资金为创业活动的正常运作提供资金保障。没有资金，创业活动就无法开展。创业活动资金主要来源于企业的投资、捐献，学校给予的项目经费以及实践基地的盈利等。高校应顺应"创业实践"模式，将大学教育、科学研究以及创业结合起来，打造产学研一体的教学方式，积极发动社会基金机构或企业联盟组织，让它们参与到创业实践竞赛中来，为创业实践活动提供资金支持。设置奖项奖励竞赛成绩优异的学生，开发创业教育课程，鼓励学生多参加社会实践活动以及企业实习，为创业奠定经验基础。

5. 基地实践

"基地实践"是创业实践活动的最终目标，即通过举办创业竞赛孵化创新企业，进而带动就业。实践基地有校内实践基地和校外实践基地之分，这就能满足不同社团创业实践基地的需求；除此之外，创业实践基地所创造的盈利收入还可作为经费回流到创业实践活动的融资环节，进而为创业实践活动的可持续发展提供保障。①

三 "产学研培养"模式

1. 技术服务和技术咨询模式

在产学研合作模式发展阶段，技术与技术咨询服务所发挥的影响作用相对较为关键。

高等院校始终在技术服务与技术咨询活动开展过程中占据主体发展地位，而客体即企业。所谓技术服务主要是指高校为了对产品成本进行控制，不断进行生产工艺改造，确保生产效率能够得到全面提升，进而与企业所开展的相关服务类型合作。而技术咨询主要是指高校在进行特殊工程设定过程中，通过开展技术分析、调查等活动，与企业开展技术咨询类型合作。

技术服务与技术咨询模式主要作用于产学研结合的初级发展阶段，由于其不具备较高科技含量，也不会对地区经济发展起十分关键的影响作用。但从实际发展状况来看，该模式有助于全面利用高效所具备的科研资源，更好地为地区经济发展提供服务。因此，其属于基础合作模式管理范畴。

韩国所采用的高等教育模式是典型的技术服务和技术咨询模式。与我国所采用的技术服务与技术咨询模式不同，韩国政府参与了相关项目发展的整个过程。通过制定相关政策保障模式，确保自身竞争能力得到全面提升，共同为保持良好的校企合作积极性创造良好

---

① 张利君：《我国大学生创业实践模式的探索与构建》，《国家教育行政学院学报》2010 年第 9 期，第 65 ~ 68 页。

的基础条件。

2. 技术转让模式

在产学研合作模式发展阶段，技术转让模式属于创新模式管理范畴。其主要是指在产学研合作活动开展过程中，技术研究一方将研发成果向产方出售，并由产方进行成果产品化的合作模式。从目前发展状况来看，我国在产学研合作发展阶段，技术转让模式已经基本满足成熟化发展要求。

技术转让模式以主体全体的技术成果为核心，将相关表现形式进行如下划分：首先，高校自身在科研活动开展阶段不断形成相应研究结果，其可以为校企合作创造良好的环境条件；另一种方式即企业结合市场需求，完成相应研究课题设置，相关科研成果会有效应用于企业生产过程中。

作为高新技术产业化先头军的技术转让模式，此种产学研合作模式自身带有显著的松散性特征。从目前发展状况来看，此种模式在全球范围的成功实施率始终低于其他模式。之所以存在这种现象，主要原因在于企业不具备较强的技术力量，同时不能保持较高的技术吸引力；此外，在技术转化过程中，自身承担相对较高的风险压力，虽然投资回报率保持较高的水平，但失败率也与其相同。从研究结果中我们能够看到，在科研成果产品化过程中，资金需求量较大，而我国大部分中小企业均承担较大债务压力，根本无法提供该部分费用。从环境角度分析，我国暂未打造健全的知识产权保护机制，与发达国家发展水平也存在较大差异，相关因素已经对产学研合作发展活动造成极大不良影响。所以，单纯依靠技术转让模式无法确保产学研合作发展目标能够最终实现。

3. 合作开发模式

合作开发模式自身属于较为典型的产学研合作形式，其成功率明显高于技术转让模式。通常情况下，合作开发模式包括高校与企业共同开发、企业委托高校开发两种。其中，第一种需要企业与学校共同合作，在不断进行资源投入的基础上，实现相关发展模式；第二种即委托乙方开展相关活动，企业结合自身发展需求，委托学校进行技术、工艺、材料等研发。

随着社会不断发展，企业、高校、科研机构相互联合发展趋势较为显著，其中，任何经济主体都希望自身竞争能力得到全面提升，所以，通过合作开发或委托开发方式，确保资源优势效用能够充分发挥出来。

日本所采用的发展模式即典型的合作开发模式。其集中表现在：首先，针对某一个领域，采用项目或课题方式，企业与国立大学开展合作；其次，能力较强的国立大学与科研机构、政府、企业研发中心等联合开展研究活动。高校提供研究场所，企业提供相关资金，相关研究成果所引发的收益由企业与学校共同分享。

4. 校办企业模式

校办企业模式主要是指综合竞争能力较强的高等院校利用自身优势，完成科技型企业建设，继而确保自身所具备的研究成果能够有效转化到相关发展阶段，共同为实现产学研一体化发展目标创造良好的环境条件。

校办企业在高校内部创建产学研合作模式，其已经为高校科研成果转化创造了良好的基础条件。此种方式的优势体现在：首先，能够全面提升科研成果转化速度，为社会发展做出巨大贡献；其次，在高校与社会之间起到良好的桥梁作用，同时使高校自身所存在的不足之处得到有效弥补；最后，通过开展校企合作活动，解决高校科研资金有限问题，在提供良好就业机会基础上，解决高校毕业生就业难等问题。

5. 大学科技园模式

大学科技园以科研型高校为核心，主要发展目标即实现科学成果的有效转化，并不断进行创新型人才培养。将高校智力资源与社会的优势资源有效结合，为产学研合作打造良好的平台，共同保持良好的科技创新发展状态。

从大学科技园内涵角度分析，其主要包含以下几方面功能：首先，促进科研成果的成功转化。作为主要的技术创新基地，大学科技园也是企业的主要孵化器。科研成果孵化也是大学科技园的核心功能。其次，对于整个区域发展而言，大学科技园主要发挥桥梁作用，其能够促进整个创新系统快速发展。由于自身拥有较强科研能力及自主创新意识，大学科技园在一系列优惠政策作用下，科研企业团队创新力量也将得到全面提升，最终通过大学科技园的孵化功能，为满足自身市场竞争力发展要求打下坚实的基础。最后，提高创新人才集聚力。人才在科技园发展过程中，自身所发挥的影响作用相对较为关键。大学科技园在任何发展阶段都离不开科研人才，同时对销售、管理等类型人才也会产生相应需求。通过采取有效措施，将大学科技园集聚在一起，充分发挥自身效用，在社会经济发展过程中做出巨大贡献。

美国斯坦福大学即典型的大学科技园模式代表。其成立了"斯坦福工业区"，以收取地租方式将该部分区域提供给企业建厂。由于斯坦福大学自身拥有较为丰富的科研资源及技术人才，因此，其能够不断参与生产实践成果转化活动，共同为打造高技术产业园区创造良好的基础条件。

四 "校企合作"模式

校企合作活动开展过程中，其通过利用学校所具备的优势教育资源与教育活动，将学生的单纯理论学习引入实际岗位操作过程中，采用理论与实践相结合的教育模式，确保学生所具备的应用及就业能力得到全面提升，在保持较高综合竞争水平基础上，共同为满足技术型、应用型、实践型人才教育需求打下坚实的基础。从实际发展状况来看，该合作模式包含三方面主体，分别是政府、学校及企业。在校企合作发展阶段，政府主要为其提供资金、政策及相关法律制定，最终目标即对社会发展及生产力提升形成良好的控制；企业能够提供资金、场地、人力等多方面资源，该部分资源自身带有显著的成本较低、创新技术等方面特征；高等院校提供的资源主要涉及品牌、声誉、技术、资本等多方面，以相关利益为核心，充分利用政府及企业所提供的资金与政策支持作用，在持续进行场地更新、文化建设基础上，确保相关合作目标能够最终实现。

1. 基于产业园的校企合作模式

以产业园为核心的校企合作模式主要是指高校在学院教学用地领域建设满足要求的产业园，在地方政府批复情况下，利用相关政策对相应企业进行有效吸引，使其能够打造完善的校企合作平台。并以该平台为核心，共同开展集生产、教学、培养、服务于一体的校企合作办学模式。从形式角度分析，此模式包含了政、行、企、校四方合作办学模式。政府在相关发展阶段，主要发挥政策引导、资金支持等方面效用；行业主管单位主要发挥桥梁及政府支持作用；高校与企业作为实施主体，承担发展责任。

以产业园为核心的校企合作条件包括地方政府充分发挥自身所具备的支持作用。在高等院校建设产业园，如果离开地方政府的支持，该部分目标将无法最终实现。政府所发挥的支持作用体现在：对产业园建设进行批复；制定相关政策，对产业园发展给予政策性支持；启动产业园项目资金等。我们可以这样理解，政府支持是实现产业园建设目标的基础条件。

产业园的产业发展方向可以为经济发展及产业发展进行有效引导。产业园建设必须通过地方政府的审批，只有其在地方经济发展过程中起到实际的作用，才能使政府批准相关活动的开展。该部分作用必须对地方主导产业发展起到一定促进作用。

产业园必须对企业存在一定的优惠政策吸引力，才能使知名企业愿意入驻产业园内。企业的经营目标即确保自身经济收益需求得到全面满足，进而实现利润收益最大化发展目标。对于企业而言，其希望用最低的成本投入获取最大价值收益。所以，想要对企业形成强大吸引力，政府应当制定相应优惠政策，如减免租金等，将更多企业引入高校产业园内。入驻企业需要与高校签订校企合作协议，与高校共同进行专业建设、人才培养等活动，只有这样才能保证"引企入园"的真正目的——培养学生目标能够最终实现。

入驻产业园的企业必须是与院校的主体专业相符的、具有一定经济实力并有发展前景的企业。院校建立产业园的最终目标即有效弥补学校在进行科技研究过程中所存在的资金不足方面的问题，同时可以为企业发展培养技术技能型人才。所以，在引进企业过程中，需要注重与院校主体专业一致性。不仅如此，由于教育自身带有显著的滞后性、长效性，开展教育活动的最终目标即确保学生可持续发展需求得到全面满足，但其对经济社会的反应也是带有一定滞后性的。所以，入驻企业一定要在行业发展领域占据优势竞争地位，如技术水平较高、产品市场占有率较高等，进而使提供的实习岗位带有一定核心价值，同时为满足行业技术发展需求打下坚实基础。

2. 集团公司主导下的双师团队共建模式

集团公司主导下的双师团队共建模式即通过与大型国有企业进行合作的发展模式。集团公司对子公司进行战略、人事、股权、制度等方面的控制，结合实际发展状况，完成相应规章制度建设，主导企业与高校之间也需要开展"双师双向"交流活动。我们可以这样理解，该模式自身带有显著的校企合作发展特征，该部分因素也能够确保我国很多高职院校教师队伍所存在的"双师素质"较弱、"双师结构"不尽合理等问题得到全面解决。

在此模式下，集团公司的核心任务即进行校企合作平台的打造，同时确保自身的行政管理权充分发挥出来。以集团发展规划战略目标为核心，完成相应发展制度制定，同时根据年度目标任务，将相关指标进行有效划分，同时将小企业合作任务实现状态作为有效的年度绩效考核内容，进而对校企合作发展起到十分关键的影响作用。集团公司所属企业和院校以集团公司下达的目标任务和自身的发展需求为核心，逐步开展相关合作活动。

该模式自身带有一定的计划经济特征，在相关发展阶段，需要以集团公司为核心，不断将市场需求与发展导向有效结合起来，同时避免自身对政府产生强大的依赖性。简单来看，即外部政策环境往往不会对该模式的实施产生直接性影响作用，合作动力主要是集团公司、企业、高校之间已经达成一定的利益共识。从中我们也不难看出，相关因素也是高职院校的校企合作活动开展的优势所在，同时也可以将自身发展与校企合作的其他模式有效区分开。

与计划经济体制下"行政命令"形式的校企合作相比较，该模式的核心差异体现在：受计划经济体制影响，校企合作开展必须服从命令，无条件地实现相关主管单位下达的指标，同时不需要考虑任何经济效益因素，只要完成上级下达的指标即完成任务。但是，行政命令式机制已经无法适用于目前发展阶段。进入市场经济体制发展阶段后，企业集团是现代企业的高级组织形式，其需要以一个具备强大投资功能效用的企业为核心，同时多个存在资本、资产、技术等关联关系的企业共同打造多层次经济组织形式。企业集团的整体权益主要是通过明确的产权关系和集团内部的契约关系进行维护；实力强大的大型企业所发挥的影响作用相对较为关键。集团内的经济实体无产权控制与被控制关系。企业集团的该类型特征使其能够利用统筹规划、政策引导等方式完成相应平台建设，进而为校企合作发展创造良好的基础条件。但从实际发展状况来看，校企合作关系能够有效达成，与双方利益需求状态存在较为显著的影响关系。在校企合作中，集团公司未必始终站在主导发展地位，其不能长期发挥相关效用。如果企业不能够为企业发展提供良好的服务，则校企合作关系势必不会长久。

集团公司主导下的双师团队共建模式的组成要素包括集团公司、企业、学校三方面主体。从根本角度分析，三方面主体关系很像是"父与子""兄与弟"。集团在相关合作发展过程中，始终扮演"家长"的角色，在相关政策作用下，统筹规划发展目标也将能够最终实现。

企业集团主导下的双师团队共建模式需要满足以下几方面要求。

（1）集团公司领导的管理理念和人才发展理念

集团公司主导下的双师团队共建模式必须得到集团公司的大力支持。从实际发展状况来看，集体公司领导所具备的相关经营理念往往对该部分活动的开展起着决定性作用。

（2）院校专业设置满足企业经营需求的相关政策

优势互补是合作的前提条件。对于企业与高职院校而言，合作目标包括高校能够为企业发展提供所需人才、高校人才培养能够得到企业支持、高校提供的科研产品能够拥有较高市场占有率等。无论从哪个发展角度分析，都需要企业的业务资源充分发挥自身效用。所以，只有高校设定的专业满足集团业务发展需求，才能够保持良好的校企合作关系。但是，从目前经济发展状况来看，企业集团尤其是行业技术应用范围较为广泛的集团，无法一次性吸收高职院校的全部毕业生。所以，高校需要根据相关行业需求进行专业的设置与调整，进而确保专业设置需求能够得到全面满足。

（3）集团子公司有合作发展的需求

上文中我们了解到，从目前发展状况来看，大部分企业集团都是股权式企业集团。通过开展股权控制、人事控制、财务控制等，实现对子公司的有效管理。各子公司均为独立法人组织，其掌握相应的经营权及自主经营权，同时需要在自身发展过程中能够自负盈亏。整个过程中，其需要对集团公司的主导规划设计产生强大依赖性，帮助企业了解自身发展不足，同时提供良好的服务，共同为满足合作发展需求打下坚实的基础。

3. 校企共建二级学院模式

校企共建二级学院合作模式自身带有"双主体"特征，从目前发展状况来看，大部分高校均愿意选择此种发展模式。该论题研究过程中，其所研究的"二级学院"主要是指以高校的已有专业为核心，通过开展校企联合投资活动，共同完成二级学院建设目标。它是由高职院校与企业共同投资创建的，一般情况下，学校会与综合竞争能力较强的企业开展相关合作，企业负责打造良好的硬件水平，开展校园基础设施建设活动等。高职院校主要提供软件建设，即负责办学管理。该模式的核心特征即可以确保长期投资回报需求能够得到相应满足；进而确保自身所存在的资金不足等问题可以得到全面解决。在储备大量教育资源基础上，使自身发展目标能够得到全面实现。

参考不同的合作形式，我国行业高职院校现阶段所开展的二级学院大体包括三种形式，即以全日制学生培养为主的二级学院、以全日制学生培养和企业员工培训为主的二级学院、以企业员工学历进修和培训为主的二级学院。从投资角度分析，不同二级学院之间也存在一定差异。

4. 校企共建学生工作室模式

校企共建学生工作室模式自身带有显著的校企合作发展特征，在整个发展阶段，校企合作是人才培养的重要环节，最终目标即让学生的专业技术能力得到全面提升。从历史发展角度来分析，艺术设计专业是最早引用该模式的专业类型，"工作室制"作为艺术设计专业人才培养模式，最早在德国魏玛包豪斯学院应用。

校企共建学生工作室主要以人才培养为核心，通过开展多样性校企合作活动，满足资源共享发展需求，在整个过程中，参与主体自负盈亏，各自承担相应的发展责任。通常情况下，企业负责提供项目和生产经验与环境；学校负责将企业的生产项目变成学习项目，打造健全项目教学体系，为实现相关教学目标做好充分基础准备。项目教学体系设计的逻辑起点不仅从岗位或职业的需求角度入手，而且要对学生的创新能力进行全面培养。在实践教学活动开展阶段，采用合作公司的真实项目，既强调实际操作的重要性，又需要加强技术的开发与训练。整个过程中，将高校、企业所具备的资源优势效用充分发挥出来，为满足相关人才培养需求做好充分基础准备。

学生工作室的项目必须是企业的真实项目。具体发展过程中，需要以工作室建设为核心，逐步确保相关发展目标能够最终实现。通过真实项目的完整开发过程而进行实际演练，整个过程中，以学生为主体，教师充分发挥自身所具备的辅助作用。开展学生工作室教育的最终目标即对学生的技术与创业能力进行有效培养。所以，在相关教学活动开展阶段，教师也需要对"以学生为主体"发展理念形成全面认知，通过"放手、放权"等，使学生自身开发能力得到有效培养，共同为满足相关工作室发展目标创造良好的基础条件。同时，企业要积极参与相关发展过程，项目是否真实，直接决定企业参与的积极性。在相关发展阶段，企业应当委派专业人员对实验室工作进行指导，同时将更多的项目成果有效转化到实际生产发展阶段。

五 "联合办学"模式

"联合办学"模式是指国内学校与国外教育机构在学科、专业、课程等方面合作，开展以我国在籍学生为主要对象的教育教学活动。对参加该类项目的学生，国内所在院校颁发毕业证书和学位证书，国外教育机构颁发学位证书。中外联合办学是现代大学面向世界发展的一种办学理念，是高等教育培养国际化优秀人才的一种先进教育思想。2003 年，国务院提出了"因势利导，趋利避害，以我为主，为我所用"的中外合作办学原则。在这个原则的指导下，以在校本科生为主要目标进行国际合作交流，将办学学校的教学、科学研究和科技成果产业化全面与国际接轨，逐步达到国际水平，参与全球化竞争，通过在竞争中的联合、联合中的竞争，以主动深化开放来促进学校的建设。所培养的学生应具有国际竞争意识，并且有能力参与国际交流与竞争。①

1. 特许办学模式

特许办学模式指一国的教育机构授权本国或者第三国的教育机构使用授权者的品牌，在其他国家开设授权国教育机构的课程，授予学位资格。特许办学分两种，一种是发展中国家积极寻求与发达国家的机构或大学合作办学，另一种是发达国家的大学之间合作办

---

① 佟艳群：《中外联合办学模式的探讨与实践》，《中国电力教育》2011 年第 20 期，第 5～6 页。

学。我国的合作办学属于前一种，通常由发达国家提供课程和指导，由我国提供校区、教学设备和教师等。

2. 海外分校模式

海外分校模式指某国一个已成立的公立大学、私立非营利大学或私立营利大学在另一国建立一个分支校园，向第三国或者海外学生提供课程并授予学位。上海交通大学海外教育学院软件分院是上海交通大学海外教育学院与日本最大规模的综合教育机构鸥州教育集团合作设立的职业训练学校。鸥州教育集团本部设在日本广岛，为了满足日益增加的日资企业软件人才需求，与上海交通大学海外教育学院合作设立了上海交通大学海外教育学院软件分院。

3. 联合课程模式

联合课程模式即两个或两个以上教育机构同意联合开发可以由其共同开设的课程或者教学项目。真正实现了教育资源的优化配置。①

（1）"4+0"模式

"4+0"模式的办学机制是4年全在国内高校就读，即不出国"留学"。"4+0"办学模式由于学生4年学习全在国内，在熟悉的环境下接受中西结合式的教育，不会产生环境和学习方式的陌生感和不适应感；学生在4年就学期间所花费用只有在国外的1/4不到，这为降低学习成本提供了可能。

但是由于学生所处的生活环境是以汉语为母语的语言交流环境，多数教师的母语也是汉语，尽管授课和教学都采用全英文或双语方式，还是缺乏纯西方的语境和西式环境，因此对学生英语交流能力的提高产生了限制；但也对提高学生对专业知识的理解力和阅读领

---

① 邵丽霞：《中外合作办学政策分析》，扬州大学硕士学位论文，2009。

会英文专业书籍的能力产生了积极影响。[①]

（2）"2+2"模式

"2+2"模式是指学生不仅要在国内高校完成两年的学习任务，还必须到国外的合作院校进行为期两年的学习。"2+2"模式避开了外方合作院校的课程引进、教师引进等操作起来相对复杂的问题，可以快速开展合作，所以目前这种模式在很多地方院校盛行，成为中外合作办学中最普遍的模式之一。"2+2"模式要求学生具有本科学籍，学生毕业后可以拿到中方教育部颁发的文凭和外方合作院校颁发的文凭。[②]

"2+2"模式下，学校会开设大量的语言类课程，再加上后期全英文语言环境，有助于学生外语水平的提高。同时，国外的课程相对更加重视实践，锻炼学生的动手和语言表达能力。但"2+2"模式由于在大三和大四期间需要出国进行学习，学费和生活花销高昂，普通家庭难以承受；另外，国外大学的管理相对松散，且大四阶段学生面临就业、考研等压力，难以将精力投入学习，使得这种模式难以达到应有的效果。

（3）"3+1"模式

中外教育合作的教育项目中，近些年走俏的"3+1"人才培养模式，学生大学一、二年级时在国内学习专业课打好语言基础，三年级时派往国外实地学习一年，以提高语言实践能力和跨文化交际能力，四年级时再回到国内学习一年专业课程后毕业（只拿中国的文凭和学位）。该教育模式特别重视学生低年级时专业基础课的学习，要在一、二年级时打好去国外学习的语言基础。对于有意愿出

---

① 周瑾玉、侯荣涛：《"4+0"合作办学模式教学方法的探究与实践》，《中国电力教育》2009年第23期，第77~79页。

② 袁丽梅：《地方院校中外合作"2+2"模式毕业生就业策略研究》，《曲靖师范学院学报》2014年第2期，第55~58页。

国学习的学生来说很青睐这种合作办学的形式，这样不但可以减少国外求学时间，同时也降低了来自国外学习生活的费用成本。[①]

第三节　各种国际化人才培养模式的本土化适用性研析

吉林省共有普通高校45所（合校前），其中普通本科院校26所，普通专科（高职）院校19所。另有普通高校举办的独立学院10所。以省会长春市为例，长春市被誉为"大学城"，云集了吉林大学、东北师范大学、吉林财经大学、长春理工大学、吉林农业大学、长春大学、长春工业大学、长春中医药大学等一批多种学科、全国闻名的各类院校，拥有较强的师资力量，培养出了大批优秀人才。这些学校所涉猎的学科门类齐全，涵盖了哲学、经济学、教育学、历史学、文学、法学、工学、理学、医学、农学、军事学、管理学等十二大学科门类。[②] 本部分针对吉林省省情，研究各种国际化人才培养模式对吉林省的适用性。

一　"工学交替"模式

"工学交替"模式既是学生实习就业的一个预演，也是学生适应岗位能力、顺利就业的一个重要步骤。通过"工学交替"实践，能够有效地帮助学生做好实习就业准备，缩短从学校到企业、从校园到社会的心理转型期。对学生而言，加深了对企业和工作岗位的认识，动手操作能力显著提升，提高了发现问题、分析问题、解决问题的能力，为以后更好地适应工作环境和能力发展打下了良好的基

---

① 池圣女：《韩国语专业"3＋1"国际化培养模式探讨》，《中国校外教育》第1期。
② 郑赛莹：《吉林省人才资源开发问题研究》，吉林大学博士学位论文，2011。

础。通过自身努力获得劳动报酬，培养了学生的自立、助学意识。既锻炼了自己，也在一定程度上减轻了家庭的经济负担。

但对吉林省而言，"工学交替"模式的适用性不高，一方面，吉林省企业可提供的岗位有限；另一方面，这种模式主要培育的是技术性人才，难以提高创新能力以及国际化素质。此外，采用"工学交替"模式在选择合作企业、设置教学计划、学生管理与就业方面存在一定问题。①

二　"创业实践"模式

吉林省位于我国东北部，属内陆地区，经济收益以老工业为主。每年吉林省毕业生大约 16.5 万人，但吉林省适合大学毕业生的就业岗位，特别是智力密集型的就业岗位偏少，不能满足其充分就业的需求。发展创业教育，建立多元化创新企业势在必行。

随着全国各地关于创业政策的出台，吉林省也出台一些扶持大学生创业的相关政策，长春市人社局贯彻落实国家创业引领计划促进以创业带动就业战略部署，开设大学生创业小额贷款服务，满足大学生创业资金需求，是全面提升大学生就业质量的一项具体举措。

与此同时，吉林省高校也紧随政策脚步，对大学生进行创业教育，举办各种创业大赛，积极建设创业园区以推进创业教育和大学生自主创业，强化学生的创新创业意识，提高学生创新创业能力和就业能力。②

综上所述，"创业实践"模式能够培养学生的创新能力，缓解就业压力，增加就业机会，且对于吉林省资金等方面压力不大，有很

---

① 杨建光、曹宏、张育频：《高职院校工学交替教学模式的探索》，《张家口职业技术学院学报》2011 年第 1 期，第 17～19 页。

② 卢伟峰：《吉林省高校大学生创业教育研究》，吉林农业大学硕士学位论文，2013。

高的可行性。

三 "产学研培养"模式

吉林省高校产学研合作是指以企业为技术需求方、以吉林省高校为技术供给方而形成双方之间的合作，其实质是通过合理配置产学研各方的资源，促进技术创新所需的各种生产要素的有效结合。但目前吉林省"产学研培养"模式存在一些问题，可行性不高，主要体现在科研总体水平较低、产学研合作模式单一、考核分配机制不完善、科技成果转化困难以及人才培养机制缺失。

吉林省高校学科建设整体水平偏低，发展不平衡，科研项目比较多地分布在传统学科领域；大多数地方院校产学研合作主要还是停留在委托或合作开发、技术转让、培训与咨询服务、建立实习基地等较低层次上；部分吉林省高校在评职、晋升、考核等方面仍然以发表学术论文、出版著作、申报政府课题、成果报奖为主；吉林省高校由于科研经费有限、科研方向与市场需求信息不对称等原因，科研人员的科研选题往往偏重于技术和理论，重视科技成果的"技术价值"，而忽略了其"市场价值"；吉林省各大园区内孵化大厦与创业园目前空置率很高，除管理人员与在孵企业内部的相关人员外，创业学生、实习学生以及受训人员很少见到。

由于"产学研培养"模式对于资金、基础设施要求较高，且吉林省的高校、企业及科研院所科研能力不强，难以实行成果转化、形成循环的资金链。因此"产学研培养"模式对于目前的吉林省适用性不高，难以达成培养创新型国际化人才的目标。

四 "校企合作"模式

高校教育体制改革深化使社会对各类人才的要求越来越高，市场需要既有理论基础又有实践能力的应用型人才。校企合作过程中高校可以主动适应市场需求，依据市场要求修改培养计划，重视实践性教学环节，增加毕业生被市场接受的概率。[①]

近年来吉林省也一直高度重视校企合作问题。2006 年《吉林省人民政府贯彻落实国务院关于大力发展职业教育的决定的实施意见》提出"大力推行工学结合、校企合作的培养模式"；2010 年《吉林省中长期教育改革和发展规划纲要（2010～2020）》强调"推进校企合作制度化"并明确提出"实行优惠政策鼓励行业组织、企业举办职业学校，鼓励委托职业学校进行职工培训，鼓励企业接收学生实习实训和教师实践，鼓励企业加大对职业教育的投入"。[②]

但相对于国家推动校企合作的力度以及其他省份开展校企合作的实践，吉林省校企合作开展还较缓慢，问题较多。普遍存在的问题是学校有积极性，而大多数企业没有积极性。一方面，引导企业参与高等教育的政策机制不健全，财政、金融、税收等引导行业企业和社会积极办学的政策体系没有建立；另一方面，校企合作所提供的岗位多为机械性岗位，对于人才培养益处有限。因此校企合作模式难以达成对创新型国际化人才的培养，对吉林省适用度不高。

五 "联合办学"模式

"联合办学"模式是外国教育机构同中国教育机构在中国境内合作举办以中国公民为主要招生对象的教育机构的活动，是全球化时代中国高等教育发展的主动选择。1999 年，原吉林省教委印发了《关于中外合作办学若干意见》，开启了全省中外合作办学的新局面。

---

① 陈旭：《高校市场营销专业校企合作有效性探索——以吉林省地方高校为例》，《商场现代化》2014 年第 22 期，第 134～135 页。

② 周晶：《吉林省职业院校开展校企合作的现状及政策建议》，《产业与科技论坛》2013 年第 15 期，第 120～121 页。

此后，"中外合作办学"模式在吉林省生根发芽，截至 2016 年底，吉林省有 25 所高校开展了中外合作办学，共成立中外合作办学机构 3 个，均为本科层次；中外合作办学项目 55 个。[①]

"联合办学"模式以在校本科生为主要目标，进行国际合作交流，将办学学校的教学、科学研究和科技成果产业化全面与国际接轨，逐步达到国际水平，参与全球化竞争，通过在竞争中的联合、联合中的竞争，以主动深化开放来促进学校的建设。所培养的学生应具有国际竞争意识，并且有能力参与国际交流与竞争。采取"联合办学"模式，有助于培养学生的国际化能力，提高其跨文化交际能力，且吉林省有相应的政策支持，可行性较高。

第四节　创新型国际化人才培养模式的本土化框架设计

一　本土化模式选择

吉林省高校应结合本省省情，选择适合自己的创新型国际化人才培养模式。由于"工学交替""产学研培养""校企合作"三种模式对于国际化技能与创新能力的培养作用有限，且在实践上存在一定的难度；而创业实践模式注重创新与实际操作能力，联合办学模式有助于培养外语能力、跨文化交际能力与其他国际化技能，吉林省高校应将创业实践与联合办学两种模式相结合，以这种新型本土化人才培养模式为基础，着力培养创新型国际化人才，笔者将这种模式命名为"2 + 1 + X"模式。

---

① 向欣、侯海荣、唐楠：《吉林省高校中外合作办学：现状、问题及对策》，《现代教育科学》2017 年第 2 期，第 19~27 页。

二 本土化框架设计

高校是创新型国际化人才培养的载体，而人才培养模式的落脚点在人才培养模式机制的建立。一套完善的运行机制的建立需要基于对国际化技能人才培养要素的熟悉、培养目标要求的明确、培养规格的理解，笔者通过对高校创新型国际化人才培养模式的理解和研究，构建了包含培养要素和过程保障，并且贯通教、学、管一体化的人才培养模式运行机制流程图。[①]

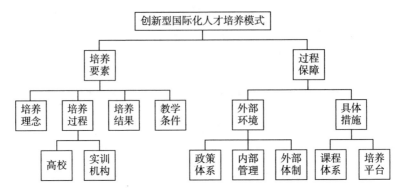

图 4-9 人才培养模式运行机制流程

"2+1+X"模式要求学生第一年在国内高校接受基础专业知识和相关外语教育，为第二年的国外课程奠定基础。经过前两年对专业知识以及国际化能力的培养以后，学校在第三年开展创业实践教育。

这种模式避开了外方合作院校的课程引进、教师引进等操作起来相对复杂的问题，可以快速开展合作。"2+1+X"模式下，学校会开设相应的语言类课程，再加上后期全英文语言环境，有助于学生外语水平的提高。同时，国外的课程相对更加重视实践，锻炼学

---

① 王书丹：《高职院校国际化人才培养模式研究》，西安建筑科技大学硕士学位论文，2015。

生的动手能力和语言表达能力。

对于当前竞争激烈的人才市场，这种模式能够培养学生的创新能力和国际化技能，减轻就业压力。尤其国家出台了相应的政策扶持，吉林省也出台了一系列优惠措施，涵盖税收、补贴、贷款等多方面，鼓励大学生创业。此外，消费领域的不断扩大，消费结构越来越多元化、个性化，必然使生产的多品种、小批量成为其显著特点。这就势必使新产品新行业不断涌现。这种社会需求的特点，也为大学生创业实践提供了广阔的天地。

| 第五章 |

吉林省创新型国际化人才培养模式的
本土化路径设计

第一节　创新型国际化人才培养的
本土化目标定位

当前发展所需要的人才并非简单的"国际化"人才，而是要将"国际化"与"本土化"有机结合起来，适应当前的社会发展和本土特色。企业在扩充版图的时候，普遍选择派遣拥有本土知识的精英，他们了解如何处理当地突发情况，同时具有一定的国际视野，跨文化交际能力与传统文化互相贯通，能够更好地推动企业发展，完成工作任务。

在这样的背景下，高校毕业生如果希望拥有更好的职业前景，势必要扩充自己的国际视野，掌握一定的国际化技能，了解国外相关文化，同时精研民族文化。[①] 总的来说，创新型国际化人才应具备以下几方面素养。

---

① 马聪：《高等教育国际化人才培养目标研究》，上海外国语大学硕士学位论文，2010。

1. 人文素养与知识广度[①]

人文素养是人的价值体现。拥有较高的人文素养意味着国际化人才能够以一种全面的视野去理解不同国家的文化，具备跨国、跨文化沟通的能力。21 世纪是知识经济的世界，衡量一个人是否属于人才的标准是这个人的知识面是宽广还是狭窄。作为一名国际化人才，不但要在专业方面有突出的能力，还要拥有知识广度，不但要能与人谈论政治大事，还要能与人谈论民生、教育、科技发展等问题。

2. 跨文化沟通能力与创新意识

对于国际化人才的要求并不仅仅局限于外语能力，还包括将理论与实践结合、动手实操的能力，面对紧急情况时的应变能力和当断必断的决策能力，以及公关和谈判的能力。创新意识作为各项能力的支柱，也需要我们能够适应不同环境，并且不断做出新的突破。

3. 传承民族文化

全球化进程的不断推进使其他国家的一些价值观、人生观、各种文化飞速进入大众的视野，这也对我国的人才提出了挑战。民族文化是一个国家的脊梁，也是我们赖以生存的精神食粮。面对外来文化的冲击，我们培养的人才应当保持住本心，在拥有国际意识的基础上，了解本民族的文化和价值取向，这也是实现自我价值的基本要求。

4. 具有良好的心理状态和与人合作沟通的能力

随着全球化发展的逐步深入，我们恰恰处在一个机遇与挑战并存的环境中。国际竞争的日益激烈，要求我们必须有健康而强大的心理素质，抓住全球化所带来的机遇，跻身国际社会，参与国际合作；此外，还要拥有良好的心理素质，以应对可能遭遇的风险以及失败。全球经济一体化发展时代的到来，让国际环境变得越来越复

---

① 王辉：《我国研究型大学人才培养国际化研究》，兰州大学硕士学位论文，2010。

杂，但同时也为我国市场带来了更多的可能性，在这种情形下，各民族、各利益群体之间的关系也变得越发复杂，这就要求人才要具备良好的沟通能力，以应对各种复杂关系，处理各种利益冲突，进而更好地与他人合作。

第二节　融合式国际化与本土化人才培养的过程优化

一　外部环境

1. 健全政策体系

（1）坚持政府主导，完善政策法规建设

改革开放伊始，"面向世界、面向未来、面向现代化"成为中国教育事业的指导方针，政府相继出台一系列政策措施以推动高等教育国际化的发展。然而，部分法律法规过于原则化，缺乏实际操作层面上的具体指导和相应的政策支持，导致实际工作难以开展。因此，要先从制度着手，进一步细化相关规章制度，使其有据可行、有法可依、规范运作，为国际化人才培养提供强有力的制度保障；同时要制定重点突出的高等教育国际化目标，确保国际化工作的连续性、稳定性，不断适应日新月异的高等教育国际市场。

（2）积极构建适合大学生创业的教育政策体系

要提高大学生创业的成功率，首先就要重视对创业教育的投入，积极构建适合大学生创业的教育政策体系。高校应该加大创业教育课程体系的研究和建设，保证创业教育的科学化，在专家学者的积极参与下，根据院校以及学生的特点，积极地构建出科学的创业教育政策体系，并纳入不同专业的教学计划中，同时还要融合到创业实践环节里，营造良好的创业教育氛围。此外，还应积极地同相关企业合作，加大创业实践活动开展力度，帮助大学生更好地融入社会，有条件的高校更应该努力建设大学生创业园或孵化基地，为大学生创业提供实战平台。

（3）积极推动大学生创业政策的完善发展

大学生创业活动需要政策的支持，需要创业知识和培训的同时，还需要政府有力的政策保障。政府应该制定并颁布统一的保护大学生创业的政策法规和实施细则，注重其操作性，保证大学生创业能够得到真正的保护和支持。此外，还应该不断完善组织体系，进一步完善创业支持政策体系的工作内容和制度，并进行监督，保证其为大学生创业工作服务，提供政策支持。[①]

2. 建立资源共享平台

吉林省高校制定了建立资源共享平台的教学战略，而要实现这一战略，不但需要与高校和企业进行紧密合作，而且还需要找机会进行跨国合作，参与到国际创新项目中去。为此，吉林省高校联合政府共同研讨并制定了与国际交流合作的战略计划。积极寻找机会与科技发达国家进行交流，学习国外先进技术，并加以改善创新使技术能够为我所用。作为一个毗邻韩国、日本等国家的省份，吉林省应充分发挥其地理优势，在新能源开发、机械电子等多领域加强与附近国家的合作，逐步改造吉林省老工业，大力推进新兴工业发展。就当前国际形势而言，加深与国外的技术交流，参与国外科研项目已经成为发展的一种趋势，对高校而言，只有积极与国际研究机构进行创新技术交流，才不至于被淘汰。而随着与国际科技交流的不断深入，吉林省高校能够使用的先进设备以及所掌握的前沿技

---

① 周新凤、汪泳：《浅谈大学生创业政策存在的问题与发展对策——吉林省教育科学"十二五"规划课题〈积极心理学视野下的大学创业文化研究〉》，《东方企业文化》2013 年第18 期，第 217 页。

术越来越多，高校的创新能力得到了质的飞跃。因此，吉林省高校已初具和国外一流高校或科研机构展开国际合作的资格，通过参与国际技术交流合作，吉林省高校科研人员的研发创新能力以及知识面得到了较大幅度的提升和扩大。此外，吉林省高校应积极主动地联络国外名校，达成国际教育研究合作战略，组织科研人员或教师到国外名校中学习，学习它们的教学模式，总结它们的人才培养经验，结合我国教育现状以及高校自身教育实际状况，制定符合我国国情的教育产业发展模式，提升学生的科技创新能力，进而为提升高校综合能力奠定基础。[①]

3. 参与国际科研合作

（1）鼓励进行国际科研合作

制定鼓励国际科研合作的政策，建立以质量为导向的科研评价体系，提高国际合作论文的质量。将国际科研合作情况纳入考核体系，为重大国际科研合作项目提供配套经费支持或优惠的经费政策，鼓励教师加强与国外大学和研究机构尤其是世界一流大学、一流研究机构和著名企业的研究者合作，提高国际合作论文的比例。制定鼓励国际科研合作政策，激励教师做出高水平的研究成果，提高国际合作论文的影响力。国际学术期刊是交流科学思想的主渠道，激励教师选投影响因子较高的国际学术期刊，多发表高质量论文，实现 Nature & Science 论文发表常态化，早日实现国际合作论文从量变到质变的飞跃。

（2）分层次逐步合作

在全面加大国际科研合作力度的目标下，对不同学科采取分层次的差异化国际科研合作方式和策略。根据"统筹兼顾、全面推进"的原则，分层开展国际科研合作。第一层次是国际合作活跃程度低

---

① 翁娜：《基于高校科技创新能力提升的吉林省教育产业发展对策研究》，长春理工大学硕士学位论文，2012。

的非优势学科，其目标是增强学科实力和水平，提高国际合作活跃程度，培育学科生长点。第二层次是国际合作活跃程度低的优势学科，其国际科研合作有较大的拓展空间和提升潜力，应采取加大国际合作力度的策略，积极推进国际合作的广度和深度，以进一步催生传统优势学科新的增长点。第三层次是国际合作活跃程度高的学科，应继续保持较高的国际合作活跃程度，同步推进国际合作论文数量稳步增长和质量提升，进一步增强国际学术影响力。

（3）强化宣传力度

加强国际科研合作的宣传，营造有利于教师和学生积极参与国际交流与合作的环境和氛围。鼓励更多的教师积极参与国际科研合作，搭建国际科研合作校内交流平台，定期发布合作信息，通过开展形式多样的研讨和交流，激发科研创造力。加大对国际科研合作的宣传力度，通过网站、工作简报等形式及时发布有关信息，营造国际科研合作的氛围，使更多的教师积极参与国际科研合作与交流，推进科研国际化进程，进而提升学校的国际学术声誉和国际影响力，努力培养创新型国际化人才。

4. 规范内部管理

（1）教师管理

一方面，通过培训、进修等方式逐渐提高中方教师的专业水平和外语水平。另一方面，形成适应外教教学模式的教学管理制度，对外籍教师的授课态度和教学效果进行监管跟踪。

（2）教学管理

人才培养模式的成效与教学质量管理以及内部监督息息相关。吉林省高校应当在结合省情以及生源师资力量的情况下，建立完善的内部管理制度，对每个课堂的教学目标、教学过程、信息评估与反馈实行监督保障，为人才培养模式的实施提供支持。

（3）学生管理

建立科学的心理辅导机制，由心理咨询教师为学生提供全方位的心理辅导；充分调动辅导员的积极性，在学习和生活方面给予学生适时和贴心的帮助；加强校风学风建设，通过营造浓厚的学习氛围，为学生创造良好的学习环境；注重党团建设工作，重视党组织在学生管理方面的积极作用，加强对学生的思想政治教育工作。

（4）外事管理

在外事管理方面，选取具有外语基础、具备跨文化交际能力、了解本校国际交流项目的人员，保证每个环节的顺利实施；对于教师管理，定期进行教师的培训与进修工作，对其授课态度、专业水平、教学成果定期监督反馈。

5. 改善办学结构

（1）大力提升办学层次

吉林省高校应在已有合作办学的基础上，寻求更高层次的合作办学。譬如，正确引导各高校精准定位，条件成熟时与国外高水平大学合作举办硕士、博士层次的教育教学活动，采取分类管理和重点推进等办法，制定不同层次的合作办学发展目标。对于吉林大学和东北师范大学，应鼓励其向国际知名的研究型大学方向努力，提高吉林省部属重点大学的科研水准和创新实力。对于省属重点大学，要以面向全国、服务地方、培养创新应用型人才为目标，争取建设成全国一流大学。调查显示，对于省内一般本科院校和高职高专学校来说，60%以上的专科生热衷于专升本的合作形式。因此，可以积极发挥它们与国外同类型高校在实用技能性学科领域开展合作办学，大力发展职业教育，为我国培养大批国际化的实用技能型人才。

（2）科学优化专业设置

教育主管部门应根据全省经济和社会发展规划，充分发挥审批和宏观调控两大职能，尽快出台符合吉林省中外合作办学特色与优势专业方面的指导性文件，对中外合作办学项目进行规范管理和科学指导。一方面，要体现办学特色，避免与全国中外合作办学项目的重复设置；另一方面，注重整合中外双方的优质教育资源，基于技术和产业发展角度在新能源技术和农业领域有所突破，优化吉林省产业结构，着力弥补全国及吉林省当前急需的、薄弱的、新兴的乃至空白专业。

（3）以学分制为中心，完善培养制度

当前，学分制是世界高等教育通行的教学管理体制，吉林省高校要与国际接轨，必须充分认识到推进、完善学分制改革的重要性。中国不少高校已经在课程内容的国际化、师生的国际流动与科研的国际合作等方面做出了重大努力。但是由于当前的教育国际交流与合作项目的实施往往必须通过学分互认才能实现，这就要求中国高校必须尽快进行学分制改革，以学分制为中心，采用国际通用的教学运行制度。

（4）适度扩大办学规模

吉林省高校中外合作办学项目自 2013 年以来以 50% 的年增长率发展，虽已初具规模，但相较于全国各地区高校中外合作办学的机构和项目数量，吉林省高校中外合作办学的总量较少，仍处于较低水平。教育主管部门应该根据吉林省区域经济发展需求，将全省高校中外合作办学视作一个整体，对高校合作机构或项目的现状、优势、瓶颈等进行全面考察，从整体利益出发加强中外合作办学的宏观规划，设立专项基金，鼓励普通高校广泛参与。高职高专院校与民办高校也要尽力参与，各取所需。

6. 健全外部体制

（1）建立科学规范的准入退出机制

借鉴外省市的成功经验，根据吉林省经济社会中长期发展要求，组织相关部门和机构专家对中外合作办学项目的申报审批提供政策咨询、评议，宏观上对合作办学的方向性、学科专业结构与区域经济发展布局的可行性等方面实行科学评估，在制度层面对合作双方的资质、专业水平等进行严格把关，阻止与国外一些三流甚至非正规大学接洽合作，树立全新的中外合作办学教育主权观，促使中外合作办学良性发展、可持续发展、跨越式发展。

（2）建立细致有效的质量管理体系

首先，从输入、过程和输出三个环节构建中外合作办学质量保障体系。外部质量保障体系主要包括教育部门通过立法、行政指导和审批等；内部质量保障体系主要包括学科专业建设规划、课程本土化建设、师资队伍建设、实践教学和科学研究建设等方面。认证机构对国外信息进行调查、收集和分类，严控输入渠道，评估组织对合作办学的实际师资水平、课程制度等方面实行过程监控，社会通过舆论效应、资源支持等手段实施输出规范。其次，完善招生管理、证书管理和财务管理等相关制度。

（3）建立科学合理的考核评价体系

教育管理部门要定期对中外合作办学项目进行质量评估，认真研究出现的问题，找出症结所在，提供切实有效的解决方法，同时把评估结果作为衡量一所高校中外合作办学水平的重要指标，作为验收特色专业、重点学科等的重要考核依据。[①]

二　具体措施

1. 确立培养目标

首先，吉林省高校要提高对人才培养理念功能的认识。人才培

---

① 向欣、侯海荣、唐楠：《吉林省高校中外合作办学：现状、问题及对策》，《现代教育科学》2017年第2期，第19~27页。

养理念对人才培养模式的建构发挥着重要的引导和调控功能，只有首先确立科学的人才培养理念，才能形成具体合理的培养目标，并对专业设置模式、课程设置方式、教学制度体系等人才培养模式的其他构成要素进行指导和设计，形成完善的人才培养模式。因此，要建构和完善个性化人才培养模式，必须充分认识人才培养理念的功能。从本书调研的情况来看，在人才培养理念上存在的培养理念建构滞后和培养理念模糊等问题，很大程度上源于对人才培养理念的重要功能缺乏充分的认识。

其次，吉林省高校要根据自身的定位与特色，加强对人才培养理念的探讨和凝练，并突出大学生个性培养。构建个性化人才培养模式，需要凝练个性化人才培养理念。本书的调研反映出，我国一流大学在提出个性化人才培养理念时比较笼统和模糊，多数情况下只是简单地提出"进行个性化培养"，至于大学生个性发展的内容、特征、目标，以及如何培养等内容，都没有具体和明确的说明。这种对个性化人才培养理念关键核心内容的语焉不详，在一定程度上造成人才培养模式建构上的盲目性。因此，我国一流大学要根据自身的定位和特色，认清自己的历史传统与比较优势，发掘自身独特的个性化的特质，合理借鉴国外一流大学的先进理念，认真凝练个性化人才培养理念，瞄准大学生个性发展的内容与特征，科学设计人才培养模式。例如本书调研的华中农业大学，定位于国家重点农业高等院校，其特色主要体现在农业方面的学科和专业，应该努力构建农科方面的个性化人才培养模式，其本科人才培养理念要兼顾学术型人才和应用型人才的培养，使培养的学生既可以进入科研院所、大专院校、上层农业行政管理和农业技术推广部门，也能够胜任农业农村基层工作，成为具有强农情感和兴农使命，下得去、用得上、留得住的人才，很难说这样的人才不是个性化的人才。又如本书调研的华中师范大学，是师范类全国重点高校并提出了建设教师教育特色鲜明的一流大学的规划目标，但其个性化人才培养模式"博雅计划"却将师范生排除在外。倘若"博雅计划"能将师范生纳入培养，凝练教师教育先进理念，强化师范生技能培养，使培养的师范生既具有坚定崇高的教育理想和教育信念，又掌握扎实先进的教学技能，成长为个性化的教师，通过他们培养出个性化的学生。

2. 构建课程体系

首先，要调整课程结构。一是必须大力提高通识课程在课程结构中的比例。目前我国高校的通识课程中，以政治课、品德课、英语课、体育课为代表的公共基础课占了相当高的比例，这些课程并非不重要，但如果主要以这些课程充当通识课程的话，则很难达到通识教育的目的，因此，应该大幅度提高其他类型的通识课，例如自然科学类、社会科学类尤其是人文学科的课程比例，以指定选修和自由选修的形式，既保证学生在较广的学科门类上全面涉猎，又给予学生充分的选择自由，照顾到每个学生的个性差异。二是降低必修课的比重，提高选修课的比重。开设大量的选修课并给予学生充分的学习自由，能培养学生在规划自身学习进程和自我发展中的自主性、主动性和能动性，并在自由学习中找到自己的兴趣和特长，实现个性化发展。

其次，应对课程内容作进一步的优化。现阶段许多课程设计忽略了学生的创造性，所以要通过优化课程内容来提升学生在学习过程中的创造性。而要实现优化，必须做到以下几点：第一，提高通识教育阶段所设课程的质量。目前，我国已经有一些知名大学开始在延迟专业分流的背景下，强化通识阶段教育，因此提升通识教育阶段所设课程质量已迫在眉睫。知名高校应给予通识教育课程设计足够的重视，制定合理的教育目标，从以往通识课程只是辅助专业课程的旧思想中脱离出来，邀请专家对通识教育课程内容进行合理设计，构建科学合理的通识课程教学体系。与此同时，高校还应增加通识课程经费，将经费设置成奖项，激励教师积极参与通识课程质量改革，开设高质量通识课程，并专门设置一个能够协调、监管以及更新通识课程的组织，以及时改善通识教育课程的不足。另外，高校应该加大力度，对通识课程与专业课程之间的联系与融合进行深入研究，以求学生的专业课程与通识课程能够有一个较好的知识衔接，学生在学习专业课程的同时也能巩固通识课程知识。第二，提升通识课程质量的同时提升专业课程质量。在原本课程内容基础上进一步引入更前沿、更具有深度的内容，注重从多个方面挖掘学生的科研思维与科研方法。而那些采用了个性化人才培养模式的学生，由于其一直以来所受的教育都是个性自由教育，所以一般他们的智力与个性都比较突出，所以他们对专业课程的深度会有更高层次上的需求，对于这类学生，可以根据他们的特点，有针对性地提升专业课程内容的深度。除加深课程深度外，高校还应该进一步加大跨学科课程的开发。就当前形势来看，开发跨学科课程已经成为知名高校课程改革的一大关键部分，而要实现跨学科课程的开发建设，高校要做到以下两点：第一，要冲破原本专业选修课的院系约束，引导学生在选择选修课程时选择那些有一定专业跨度的，此外，还应积极邀请其他学校不同学科的教授来为学生开设选修课程。第二，进一步加大开发跨学科课程力度。可通过邀请一些有交叉学科教学经验的老师参与到开发建设跨学科课程中来；或者邀请各专业学科老师深入研究各自学科的教学方法，大家共同探讨跨学科课程的建设；或者开展一些研究课程，加强学生整合多学科知识的能力。

3. 加强教学活动参与度

教育本来就是一种活动，构建个性化人才培养模式更需要关注这种活动的优化。知识的教育价值要经过学生的活动才能转化为学生的个性素质。如果我们承认学生是教育教学活动的主体，承认学生的活动是他们个性素质发展的基础，那么就必须清醒地认识到，学生在教育教学过程中的不同活动方式会引起不同的发展，选择一种教育活动方式意味着为学生选择一种发展方式和发展结果。因此，教学组织形式很大程度上决定着学生个性发展的程度和水平。

要革新教学组织形式，加强教学活动参与，一是要在现有小班化教学的基础上，努力扩大实行小班化教学课程的比例。一流大学要因地制宜，努力将优质教学资源向个性化人才培养模式倾斜。从本书调研的情况来看，尽管目前各种个性化人才培养模式都没有独立组织教学的资源和条件，相当数量的课程教学都要依附专业院系开展，但教学组织形式仍有较大的改善空间，有的一流大学已经取得了较好的成效，例如本书调研的模式中，"张之洞实验班"实行小班独立上课的比例较高，应该保持并争取扩大小班教学的比例，而"楚才学院"和"博雅计划"则应该在小班教学上做出更积极的探索。二是提高小班教学的教学质量，积极探索启发式、参与式和探究式教学，突出学生的教学主体地位，在教学活动中通过引导学生的活动来提升学生的主体性、培养学生的创造性。在教学中，教师的讲解和演示是必要的，但目的在于引导和示范，教师的活动不能代替学生自主的思维操作和行动操作，只有经过自己能动的、自主的思考和实践，学生才能灵活掌握知识，养成良好的思维方式和行动方式，并将其内化为个性素质。在教学中要培养学生的创造性，就要引导学生发现问题和提出问题，鼓励学生探索和解决问题，支持学生的独立见解，宽容学生的失误。唯有教师注意启发并善于引导学生独立思考、进行探索与反思的教育，才能使学生的个性、主体性充分发展，具有较高的创造性和自主性。

4. 完善教学质量评价

教学质量评价作为教学过程中重要的一环，对整个教学过程发挥着重要的作用，恰当的教学质量评价方式有助于引导学生的个性发展。

首先，将反馈、矫正与调控教学质量作为主要的评价目的，将提高教学质量和人才培养质量树立为明确的目标；其次，在评价范围上，不仅重视实施结果评价，对于过程评价的重视程度也要加强，具体可以包括学生平时课堂上的表现尤其是研讨课的发言讨论情况、课下个人阅读与研究的成果、与导师的交流情况、小组合作学习的成绩、测试成绩以及一些非智力素养的发展等；再次，在评价依据上，要减少对考试分数的过分倚重，重视对创造性思维和实践能力的考察，在设计试题、试卷时，要充分认识试题试卷对学生能力培养的导向作用，试题应该基于课程教学的内容，为学生展现运用知识能力和创新思维提供空间；最后，在评价方法上，要改变以考试为主的单一方法，探索更多元的教学评价方法，从多方面、采用多种形式和方法，来综合评价分析学生的优点与不足。要淡化一次性考核和单一考试方法，探索灵活的多样化的评价方法，运用课堂讨论、课下独立研究、撰写研究综述和小论文、设计实验方案、口试、面试等多种方法考核学生的科学素质、文化素质、心理素质。

5. 学生素质发展

"大学之道，在明明德，在亲民，在止于至善。"大学是知识的殿堂，也是培养学生个性、重视素质发展的圣殿。与传统教育相比，现代教育更加注重对创新能力的培养，素质教育、个性化发展也不再停留于过去的"口号"上。高等教育不仅仅是"教书"，更是"育人"，在证书和文凭的背后，更应当教会学生正直、诚实、勇敢、坚强、责任感。依托于隐形课程模式，鼓励参与课外活动，注重导师与学生之间的交流沟通，将宿舍、社团教室等场所变成学生沟通交流、互相学习的社区，这些宝贵的经历将成为每个人一生受用的精神财富。

一是要提升对隐性课程功能与地位的认识，要在各自大学精神的指引下，结合自身特色与定位，注意与课内教育形成合力，在政策与制度层面提出隐性课程建设的规划与方案。二是要以形成优秀的校园文化为目标。优秀校园文化的形成需要大学管理者、教育者、学生的全员参与，尤其是大学管理者要真正将育人放在大学工作的中心，倡导形成以学为尊、以师为先、以生为本的校园文化。三是要以引导和服务学生的课内、课外学习生活为依托。课内生活同样存在隐性课程，例如导师制的师生交往，如果学生的个性得到充分尊重，每一个进步都得到赞扬，每一个独立见解都得到呵护，每一个积极发展倾向都得到鼓励，每一个可能转化为进步的因素都得到珍惜，学生的主体性才能得到充分的发挥。另外，国外一流大学的住宿学院制提醒我们课外生活并不是放任自流的代名词，学生的课外时间与课内时间至少同等重要，必须要加以有效引导。要将学生宿舍变成一个学习、交流、自律的社区，对学生的社团活动要加强引导和规范，激励学生通过有意义的社团活动全面发展。

6. 建设跨专业人才培养平台

随着经济社会的发展，科学技术的进步，我国要向发达国家迈进，企业对知识广博、专业熟练的 T 型人才的需求越来越大，所以，社会对高校毕业生的要求也日益提高。然而，由于教育体制改革，高校大量扩招，高校毕业生大量涌入社会，导致 T 型人才竞争激烈，高学历人才就业困难。

对于任何一所高校来说，实践教学都是学生在大学期间学习过程中的一个非常重要的环节。然而，由于多种原因，学生很难接触到与专业相关的核心内容，更是无法了解企业、市场的发展。学生在实践学习中浮而不实，工作枯燥，热情不高，难以将学到的知识用于实际的工作中。因此，高校的实践教学问题是一个亟待解决的问题。构建一个崭新的人才培养平台，还需要我们去探索、研究和完善。

高校的跨专业人才培养平台的建设，能有效地转变传统的教学模式，促进教育体制的改革，提高高校的教学质量，激发学生的学习热情。这种跨专业人才培养平台如能达到预期的实效，定会在国内发挥出良好的示范效应。同时，在这个平台上培养出来的 T 型人才一旦进入社会，他们会有更为完整的人生规划，对自己所要从事的事业有着更为清晰的认识，这将对国家和社会的发展起到更为积极的作用。因此，跨专业人才培养平台的建设对社会对国家的发展，有着重要的意义。

高校人才培养模式的改革发展被很多国家教育界的学者们认为是国家进步的基本动力。青少年是为国家和社会创造价值的特殊群体，他们肩负着国家未来发展的重任，自然也是国家重点培养的对象。在目前这种充满机遇和挑战的社会中，经济的迅猛发展，使劳动者的创新技能不断提高。本着创新源于实践、创新贯于实践、创新终于实践的原则，为大学生搭建跨专业人才培养平台，提高大学生的创新意识、动手能力、学习能力等综合业务能力，也为国家和社会缓解大学生就业的燃眉之急。教育的本身不是灌输知识，而是点燃知识的火焰。合理的人才培养模式不只是提高学生的学习兴趣，更是要激发学生的各种潜能。

我国著名的高等教育学家潘懋元教授认为："一个现代化的专门人才，必须具备以下几方面的知识结构。第一，比较宽厚的基础知识；第二，一定深度的专门知识；第三，一般的'前沿'知识，即了解所学专门学科和相关学科的动态趋势，重要的科学新成就新问题；第四，必要的横向学科知识和科学方法论知识；第五，一般的基本文化知识，或者与所学专业无直接联系但有利于扩大眼界、开拓思路、提高文化素养的某些知识。归根到底，就是要处理好'通'和'专'的关系，并做到'融会贯通'。"

高校的跨专业人才培养平台是一个基于多学科的平台。该平台以生产制造业为主要驱动，以贸易经济竞争为辅助驱动，以服务业为援助驱动，形成一个仿真综合体系。跨专业人才培养平台是以真实的商业社会视角搭建的，通过对服务业和制造业的模拟，构建出生产、销售、供应、需求、竞争等相互交织、互依互存的虚拟经济市场。不同的学生在这个平台上扮演不同的角色，每一项工作都由学生自主决定完成，学生的每一个经营决策都会影响自己所在企业的发展进度，每一笔业务也由学生自己亲自谈判、亲自沟通，让学生亲身体会每一个岗位的责任职责，也让学生亲身体会一个团队的集体力量。在这个平台上，将工业化、信息化和产业化融合在一起，组成一个全方位、立体化的大环境。同时也将工商、管理、会计、金融、税务等专业的实务操作整合在一起，以企业制造企业经营为核心业务主线，向其他服务公司延伸，形成一个需求供应链。在这个小的虚拟的经济市场中，学生可以根据自己所学专业模拟不同的角色，让学生感受到现实工作的气氛和一个工作人员的责任。同时，在这个虚拟的经济市场中，通过训练学生对企业的初步认知、企业的内部经营管理以及企业与外围公司的业务往来，可以加强学生的管理思维、全局观念和团队精神，拓展学生的专业能力、实践知识和综合素质。让学生体验企业经营的整体框架，熟悉企业生产制造的工作环境，了解企业的工作方式，为学生就业奠定实践基础。该平台以游戏的教学形式，让学生融入实践学习中，让学生感兴趣并愿意参与到环境中。

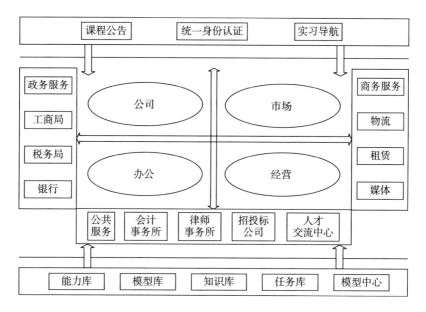

图 5 – 1　跨专业人才培养平台的核心结构

高校的跨专业人才培养平台的核心价值是要建立一个教与学的平台，在这个平台上，要实现面向产业认知，让学生在环境中体验；要实现参与企业经营，让学生在对抗中思考；要实现针对商业目标，让学生在行动中认知；要实现强调团队探索，让学生在组织中协同。

7. 融入"互联网＋教育"手段

随着科技的进步、社会的发展，互联网技术正在与各行各业进行全新的融合，激活各行各业内在的发展潜能。"互联网＋"在与教育的融合当中，并不是一种简单的叠加。因为，新形态的互联网是在创新2.0下发展出来的，创新会让这个叠加发挥的作用更加明显。当传统的教育遇到创新2.0时，教育将被倒逼着去变革，变革首先体现在教育理念上。在我国，教育理念应该更关注以人为本，以知识的应用为本，要让老师教得顺畅，也要让学生学得开心。教师和学生要不断地变换扮演的角色，要打破传统的教学思维，要用更新的科学技术服务于教学，要让学生主动地接受知识，也要让学生培养出广泛的兴趣爱好。

在高校，互联网实现了数据信息的高速传输，已经改变了原有的教育形态。一所学校、一间教室、一位老师、一百多名学生，这就是传统教育。一个教育专用互联网、一部移动终端，几百万学生，学校、老师任选，这就是"互联网＋教育"。

高校积极探索"互联网＋教育"在云实验教学中的应用，有着重要的价值。通过建立服务器池和云桌面虚拟环境，在一个服务器上运行多个虚拟系统，并在虚拟系统上安装操作系统和应用软件，构建了一个灵活可靠的云实验教学环境。从实验教学角度看，这种"互联网＋教育"形势下的云实验教学模式，为师生提供云实验教学的环境，提高实验资源的利用率，实现学习资源的共享，有效地解决了实验教学过程中软件升级、维护成本高、过程管理和质量监控缺失等很多问题，也有效地提高了实验教学的质量和水平，同时也激发了学生的学习兴趣，为国家和社会培养有用的复合型人才奠定了基础。

互联网不仅是一个平台，还是一个工具，并且有着丰富多彩的内容。高校的云实验教学要实施"互联网＋教育"必须遵循以下几方面的原则。

（1）云实验教学内容共享化。让高校的云实验教学信息在互联网上可以看到，实现优质教育资源的共享。在高校，能将学习资源共享是一件非常重要的事情，教师的教、学生的学是高校信息沟通的主要方式，将教学资源共享，学生可以学习有兴趣的知识，教师可以根据学生的兴趣爱好有针对性地辅导，这样才能达到真正的教与学的目的。

（2）云实验教学内容最大化。将高校的云实验教学信息尽可能地做多、做大、做优，满足各个层次学习者的不同需要。在高校，受专业的影响，学生想学的内容也分深与浅，对于本专业的学生来说，学到的知识越深越好，对于非本专业的学生来说，只需要蜻蜓点水了解即可，因此，知识的深与广，对不同专业不同层次的学生来说，需求是不同的。

随着互联网在教育领域的不断深入，优质的教育资源也得到了极大程度的充实，丰富的学习资源可以满足学生在高校的学习热情和欲望。高校的云实验室也借助互联网这个庞大的平台，采取了自动化管理和流程化管理，将先进的信息技术进行扩展，实现实验资源的共享，激发学生的学习兴趣，提高高校的教学质量。

"互联网＋"是指以互联网为主的一整套信息技术，包括移动互联网、云计算、大数据技术等。"互联网＋"是先进生产力的代表，也是互联网思维实际应用的成果。"互联网＋教育"是将互联网技术应用到教育领域中，推动教育事业的发展，同时也带动了国家社会经济的发展。高校采用"互联网＋教育"模式，应用到实验教学中，最大的优点就是降低了基础设施的成本，信息处理得及时，最大的特点是可以全球开放，并且透明地传播。

云计算是一种新型的计算模式，也是一种新型的存储模式，它管理着大量的各种资源，为各行各业服务。将云计算应用于教育行业中，为教育领域提供了一个基础的架构管理模式，为教育机构搭建了一个虚拟的数字化信息平台。

云桌面技术是在后台服务器的数据中心中，根据实验室的需求，定制不同的云桌面环境，设定的每一个云桌面环境都有其独立的硬件性能和软件系统。只要有网络，就能访问云桌面，只要有显示器，就能看到云桌面的系统，这样，学生可以随时随地地学习，这对开展网络课堂是有一定帮助的。

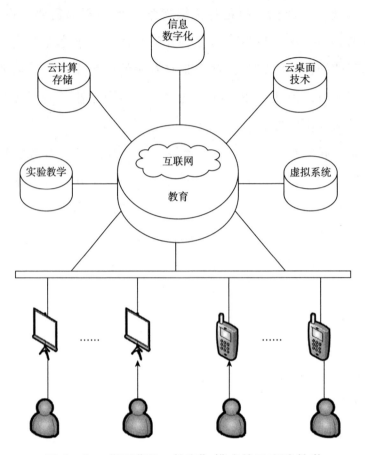

图5-2 "互联网+教育"模式的云实验教学

高校建立云桌面环境，为实验教学提供了一个虚拟的实验环境，解决了实验教学中缺乏的实践操作的问题，满足了不同专业不同的实验教学要求；高校建立云桌面环境，也为学生提供了一个宽广的学习环境，解决了师生资源利用率低的问题，满足了学生的学习热情；高校建立云桌面环境，为高校提供了一个终端多个环境的系统，解决了高校实验设备建设和维护的成本问题，节省了学校的资源。

在高校，未来的"互联网+教育"模式会得到更为广泛的应用，因为它打破了传统的局限于课堂和校内的教育模式，这种新模式下的教学理念，不但能提高高校的教学质量，还能激发学生的学习兴趣，为我国培养有用的复合型人才起到一定的作用。因此，研究"互联网＋教育"在高校云实验教学中有着不可估量的价值。

第三节　融合式创新型国际化人才培养本土化模式的评价体系构建

衡量吉林省高校创新型国际化人才培养的程度有哪些不足和亟待提高之处，可以通过两方面进行：一方面是培养出来的人才的素质；另一方面则是培养模式的创新和国际化程度。培养模式的国际化程度越高，越有利于培养出具备国际化素质的人才。同时，国际化的培养模式是培养出国际化人才的前提和基础，所以本研究通过检验国际化人才培养的模式，来揭示国际化人才培养的水平和问题，从而有针对性地改进，提高我国国际化人才培养的水平，促进国际化人才的培养。①

一　评价体系构建依据

建立国际化人才培养模式指标体系是一种高等教育评价活动。而之所以要建立这样一个指标体系，主要是为了能够通过评价客体方式而认识客体，得到与客体相关的一系列信息。通过评价客体，在一定程度上能够为决策者提供优化客体的依据。而对国际化人才培养模式评价的目的也是认识人才培养模式，让各界对目前的人才培养模式存在的优势与不足有一个清晰的认识，然后通过对比分析，了解各高校的人才培养状态处在一个怎样的阶段，进而通过发扬优

---

① 罗蔷：《研究生国际化人才培养模式研究》，北京理工大学硕士学位论文，2015。

势、改进不足来逐步调整和完善高校人才培养模式，缩小与国际化培养模式的差距，促进国际化人才培养。

目前，国内外关于国际化人才培养模式的衡量并没有具体的量化措施。多数相关研究都是通过建立指标体系，来衡量整个高校的国际化程度，而没有聚焦到人才培养上。从高校层面宏观考量更便于进行高校国际化水平的评价和排名，但高校进行国际化改造的主要目的和最终任务依然是为社会培养和输送高水平的国际化人才。因此，聚焦到研究生培养环节的研究生国际化人才培养模式评价指标体系，其建构有着不可忽视的必要性。而高校国际化水平的评价指标体系中，一般包含人才培养的部分，因此，可以借鉴权威的高校国际化水平评价指标体系，来为研究生国际化人才培养模式的评价提供参考。

我国采用系统指标体系在全国范围内对大学国际化进行评估的活动并不多，仅有 2013 年西南交通大学高等教育研究所针对全国教育部直属高校国际化水平的评估和排名，填补了我国大学国际化排名的空白。在此之前，李胜兵、陈昌贵等学者都进行了相关的研究，并建立了相对成熟的高校国际化评价指标体系。而国际上已有很多组织和机构推出了各自的大学国际化评价指标体系，并开展了相关的评估实践活动。比较有代表性的有 OECD/IMHE 的"国际化质量评审"指标体系、ACE 的国际化指数、佩奇（Paige）的教育国际化成果指标、日本大阪大学的国际化指标，以及亚伦霍恩（Aaron S. Horn）等的美国著名研究型大学国际化排名指标等。这些高校国际化评价指标体系可以为本书建立研究生国际化人才培养指标体系提供参考。

1. Aaron S. Horn 等的美国著名研究型大学国际化排名指标

2007 年，以 Aaron S. Horn 为主的美国明尼苏达大学双子城的三位学者对美国著名的研究型大学的国际化程度进行了排名研究。在分析前人相关研究的基础上，借鉴美国著名研究型大学的排名系统，采取多属性综合评价法和德尔菲法，建立了美国研究型大学国际化评价指标。

表 5-1　美国研究型大学国际化排名指标体系

维度	指标	权重（%）
学生特征（24.52）	海外本科留学生的比率	4.63
	海外研究生留学生的比率	4.63
	马歇尔和罗兹奖学金获得者人数（一年）	1.25
	获得富布赖特奖学金的研究生人数（一年）	1.75
	和平队的志愿者人数	1.88
	海外学习计划参与者的比率	8.00
	非英语语言毕业生的比率	2.38
学者特征（19.63）	成为富布赖特学者的教职员人数	6.63
	从国外来的富布赖特学者人数	3.50
	国际学者和国际研究协会成员的比率	9.50
研究导向（18.56）	Title VI centers 研究项目数	10.63
	福特基金会资助的国际研究项目和 FIPSE 国际教育补助金项目数	2.80
	致力于国际研究的大学研究项目数	5.13
课程内容（22.89）	除德语、西班牙语、法语和英语之外的教学语言的数目（LCTL）	7.38
	语言学习学分要求	7.13
	国际视野学习学分要求	8.38
组织支援（15.00）	配备了管理教育国际化活动的高级行政人员	10.25
	国际图书的存书量	2.00
	大学网站主页上有国际服务条目	2.75

该指标体系所选取的评价指标在选择上和数据的可获得性及客观性方面，相比之前有了很大的进步，但依然是定性与定量相结合。且其中许多观测点具有美国国家的政策特色，如马歇尔和罗兹奖学金获得者人数、获得富布赖特奖学金的研究生数等，表明这是一个十分具有针对性的美国国内高校国际化评价指标，而不能用作国际对比。

2. 陈昌贵、曾满超等中国研究型大学国际化评估指标体系

这是由中山大学、哥伦比亚大学和北京大学的多位学者共同建构的中国研究型大学国际化评估指标体系，是国内相对全面、可实施性较强的国际化评价指标体系。2007 年到 2008 年，陈昌贵等对中国 33 所研究型大学的国际化情况进行调查，并基于其中 26 所大学的国际化情况进行了研究，采用主成分分析方法建构中国大学国际化的评估指标体系。

表5-2　中国研究型大学国际化调查及评估指标体系（陈昌贵等）

一级指标与权重	二级指标与权重
1. 战略规划与组织机构（10%）	校级专职外事管理人员（4%）
	设置外事人员的院系比例（6%）
2. 人员构成与交流（40%）	有一年或以上出国经历的教师比例（6%）
	在海外获得学位的教师比例（8%）
	外籍教师（8%）
	授衔专家（6%）
	留学生（6%）
	学生出国交流（6%）
3. 教学与科学研究（14%）	校际国际合作协议（2%）
	用外文原版教材课程比例（5%）
	用外语授课的课程比例（4%）
	国际合作科研项目（3%）

续表

一级指标与权重	二级指标与权重
4. 相关条件与设施（13%）	外文书刊（7%）
	外文期刊（6%）
5. 成果交流（23%）	举办国际会议（6%）
	出境参加会议人数（7%）
	被三大索引收录的论文数（5%）
	在国外发表的论文数（5%）

陈昌贵等学者的这项研究不论是从体系的建构上还是数据的可获得性、客观性上，都十分具有借鉴性。其指标的选取既符合我国高等学校的实际，又具有国际上通用标准的高度，在评价高校的国际化水平的指标体系相关研究中做出了很大的突破。

然而，该指标体系是基于大量的数据基础建立起来的，研究方法的借鉴上有一定的难度；此外，该指标体系从高校的国际化水平的角度来进行评价，更侧重于硬性指标的测量，且并没有对人才培养进行聚焦。相对于作为提高研究生国际化人才培养水平的参考，该评价指标体系更适合作为高校国际化排名的依据。

3. 其他大学人才培养评价指标[1]

表 5-3　世界大学评价体系

排行榜	一级指标	二级指标
上海交通大学世界大学学术排名（ARWU）	教育质量（10%）	获诺贝尔奖和菲尔兹奖的校友折合数
	教师质量（40%）	获诺贝尔科学奖和菲尔兹奖的教师折合数

---

[1] 商箴辉、姜金秋：《世界一流大学的内涵、本质与建设路径》，《中国高校科技》2017 年第 Z1 期，第 14～18 页。

续表

排行榜	一级指标	二级指标
上海交通大学世界大学学术排名（ARWU）	教师质量（40%）	各学科领域被引用次数最高的科学家数量
泰晤士高等教育世界大学排名（THE）	教育教学环境（30%）	教学声誉调查
	国际化（7.5%）	师生比
		博士/学士授予学位数之比
		师均培养博士生数量
		机构收入
		国际学生/国内学生数之比
		国际教师/国内教师数之比
		国际合作论文比例
QS世界大学排名	雇主评价（10%）	
	师生比（20%）	
	国际教师比例（5%）	
	国际学生比例（10%）	
USNews世界大学排名	授予博士学位的数量（5%）	
	师均培养博士生数量（5%）	

二 吉林省人才培养评价体系

目前，一些高校在设计人才评价体系的时候，没有深入市场调研和社会调查，没有完备的监督和检验环节，人才评价体系中的诸多标准含糊而抽象，具体指导作用大大弱化，这导致受此指挥的人才培养常常误入歧途。本部分参考权威性大学国际化指标，依据吉林省省情以及相关专家建议，构建适合吉林省的人才培养评价体系。

表 5 - 4　吉林省人才培养评价体系

一级指标	二级指标	权重
培养理念	培养目标	
培养过程	培养方式	
	专业设置	
	课程设置	
	教学内容	
	教学方法	
	实践项目	
培养结果	外语能力	
	创业项目	
	企业评价	
教学条件	合作办学机构情况	
	外文图书、期刊数量	
	教师海外背景	
	国际化管理机制	

附　录

附录一　吉林省高校创新型国际化人才培养模式调查问卷

您好！非常感谢您在百忙之中接受我们的调研。这是一份关于吉林省高校创新型国际化人才培养模式的调查问卷。本调查需要占用您的一点宝贵时间，您的意见对我们非常重要，感谢您的支持帮助！

一　个人基本信息

1. 您所在的学校：＿＿＿＿＿＿＿＿＿＿＿＿＿＿＿＿

2. 您所在的专业：＿＿＿＿＿＿＿＿＿＿＿＿＿＿＿＿

二　专业与课程设置

3. 贵校当前的专业制度包含（可多选）（　　　）

A. 长学制（本硕、本硕博连读）

B. 双专业、双学位（如计算机＋X、X＋管理、X＋法学）

C. 专业调换机制

D. 延后分专业（先进行通识教育，后选择专业）

4. 贵校当前的课程设置包含（可多选）（　　　）

A. 第二课堂

B. 复合式课程

C. 创业实践

D. 通识课程

5. 贵校在专业设置方面存在的问题是（可多选）（　　　）

A. 调换专业困难

B. 专业结构未反映社会对人才结构的需求

C. 专业特色不突出

D. 专业领域狭隘难以形成竞争力

6. 您认为贵校在课程体系上面临的障碍是（可多选）（　　　）

A. 课程内容陈旧、课程结构单一

B. 缺乏第二课程、创业实践等课外教育

C. 课程设置轻视学生的国际化基础与需求

D. 课程缺乏实用性，难以运用到实践中

7. 贵校全英文或双语授课的课程数占总课程数的比例（　　　）

A. 15% 以上　　　　　　　　B. 10% ~ 15%

C. 10% 以下　　　　　　　　D. 没有

三　创新型国际化人才培养现状

8. 贵校每学期举办国际化活动的次数是（　　　）

A. 0 次　　　　　　　　　　B. 1 次

C. 2 次　　　　　　　　　　D. 3 次及以上

9. 贵校每学期举办创业大赛、创业实践等活动的次数是（　　　）

A. 0 次   B. 1 次

C. 2 次   D. 3 次及以上

10. 您在贵校获取国际化知识的主要途径（　　）

A. 网络   B. 书籍

C. 教师   D. 同学

11. 当前贵校国际化人才培养教学条件上，基本具备了（可多选）（　　）

A. 国际化师资   B. 国际化教材

C. 国际化实验室或实训   D. 多元教学氛围

12. 贵校根据自身专业投入专项资金建设相应的国际化实训室或实训基地（　　）

A. 已设置   B. 正在设置

C. 计划设置   D. 没有

13. 您参与的国际化交流活动主要形式有（可多选）（　　）

A. 国际学术交流会议   B. 留学生的联谊活动

C. 海外交流项目   D. 各种国际性展览会

E. 从未参加过

14. 贵校开展与国外高校合作举办的联合培养学历或非学历院系符合程度（　　）

A. 三分之一以上   B. 四分之一

C. 五分之一   D. 没有

15. 您认为贵校与国际知名企业合作，选派学生实习，参加学生达在校生总数的比例（　　）

A. 5%   B. 3%

C. 2%   D. 1% 以下

四　创新型国际化人才培养模式评价

16. 您认为为什么要培养创新型国际化人才（　　　）

A. 为更好地服务于社会建设需要

B. 适应高校发展需要

C. 提升院校办学竞争力

D. 满足学生更多国际化发展要求

17. 您认为目前本校在创新型国际化人才培养方面比较薄弱的是（可多选）（　　　）

A. 国际化专业知识的掌握

B. 外语水平

C. 跨文化交际能力

D. 国际态度和全球意识

E. 创新能力

F. 良好的身心素质

18. 在您看来，所在高校培养创新型国际化人才方面具备的优势是（可多选）（　　　）

A. 拥有较完善的人才培养制度

B. 国际联合培养项目较成熟

C. 人才培养模式的保障体系完善

D. 创业实践项目较多，资金政策有所保障

19. 您认为学校在培养观念上是否重视对创新型国际化人才的培养（　　　）

A. 比较忽视　　　　　　　B. 重视程度一般

C. 较为重视　　　　　　　D. 非常重视

20. 请您对贵校创新型国际化人才培养模式的以下方面做出

评价

	很满意	比较满意	不清楚	不满意	很不满意
国际化人才培养的整体状况					
培养目标设定的合理性					
培养制度的完善程度					
培养过程的规范性					
培养评价的科学性					

21. 请您对贵校创新型国际化人才培养过程的以下方面做出评价

	很满意	比较满意	不满意	很不满意
专业设置的合理性				
课程结构的科学性				
课程内容的国际化				
教学方法的多样化				
教学手段的国际化				
师资队伍的多元化				
校园的国际化氛围				

22. 请简单地对您所在的高校创新型国际化人才培养情况进行概括总结

_____

_____

_____

附录二 创新型国际化人才需求调查问卷

您好！非常感谢您在百忙之中接受我们的调研。您所提供的资料仅供研究所用，个人及单位资料将严格保密，请放心填写。再次感谢您的帮助！（填写提示：请在问卷空格处填上选项，或在空白处填写文字答案）

一 个人基本信息

1. 您所在单位的名称是：_____

2. 您所在单位的城市是：_____

3. 您所在单位的性质是：（　　　）

A. 外资企业　　　　　　　　B. 国有企业

C. 国有控股企业　　　　　　D. 合资企业

E. 私营企业　　　　　　　　F. 事业单位及政府机关

G. 高校　　　　　　　　　　H. 其他（请填写）_____

二 对创新型国际化人才的需求调查

4. 您所在单位需要创新型国际化人才吗？（　　　）

A. 非常需要

B. 暂时不需要，有合适的创新型国际化人才可以作为后备力量储存

C. 不需要，创新型国际化人才数量已足够

D. 其他（请填写）_____

5. 每年引进的创新型国际化人才数量（　　　）

A. 情况不一定　　　　　　　B. 达不到需求

C. 总体平衡　　　　　　　　D. 超出需求量

6. 贵单位未来最需要的人才类型（　　　）

A. 技术性人才　　　　　　　B. 创新型人才

C. 具有国际化能力的人才　　D. 创新型国际化人才

7. 您认为下列哪些能力素质是企业在招聘创新型国际化人才时特别看重的？

分析能力	
沟通能力	
市场敏感度	
创新能力	
目标明确	
学习能力	
领导能力	
团队合作能力	
客户服务能力	
开拓能力	
诚信正直	
高效的工作能力	
工作激情	
计划与自我管理能力	
其他（请填写）	

8. 您认为以下创新型国际化人才的能力与素质，哪些可以通过高等教育培养出来？

分析能力	
沟通能力	
市场敏感度	

续表

创新能力	
目标明确	
学习能力	
领导能力	
团队合作能力	
客户服务能力	
开拓能力	
诚信正直	
高效的工作能力	
工作激情	
计划与自我管理能力	
其他（请填写）	

9. 您认为"中外合作办学 + 创业实践"的模式是否有助于创新型国际化人才的培养？

A. 有很大作用　　　　　B. 有一定作用

C. 一般　　　　　　　　D. 没有作用

10. 您对吉林省高校进行创新型国际化人才培养有什么建议和意见？

_____

_____

_____

参考文献

1. 庄智象等：《关于国际化创新型外语人才培养的思考》，《外语界》2011 年第 6 期，第 71～78 页。

2. 王辉：《我国研究型大学人才培养国际化研究》，兰州大学硕士学位论文，2010。

3. 卫源：《国际化创新型本科会计人才培养趋势探究》，《中国商论》2016 年第 18 期，第 177～178 页。

4. 张杨、张立彬、马志远：《哈佛大学拔尖人才培养模式探讨》，《学位与研究生教育》2012 年第 4 期，第 72～77 页。

5. 王晓辉：《一流大学个性化人才培养模式研究》，华中师范大学博士学位论文，2014。

6. 李文英、周恩慧：《英国牛津大学复合式课程模式探析》，《河北大学学报（哲学社会科学版）》2015 年第 2 期，第 24～28 页。

7. 别敦荣、蒋馨岚：《牛津大学的发展历程、教育理念及其启示》，《复旦教育论坛》2011 年第 2 期，第 72～77 页。

8. 吴守蓉、白石则彦：《日本东京大学人才培养特色的探析及其启示——以森林科学人才培养为例》，《中国林业教育》2015 年第 6 期，第 72～77 页。

9. 董泽芳、袁川：《国外高校成功培养创新型人才的经验与启示——以哈佛大学、牛津大学和东京大学为例》，《现代大学教育》2014年第4期，第26~32页。

10. 吴思佳：《日本东京大学"教养教育"研究》，《高等教育研究学报》2016年第1期，第71~75、110页。

11. 强海燕：《世界一流大学人文课程之比较——以哈佛大学、斯坦福大学、多伦多大学为例》，《比较教育研究》2012年第11期，第20~24、38页。

12. 安哲锋、宋微、顾沛卿：《我国高校国际化人才培养的远程途径之思考》，《湖南工业大学法学院·第三届教学管理与课程建设学术会议论文集》，《湖南工业大学法学院》2012年5月。

13. 史静寰：《构建院校主导的国际化实践模式——清华大学国际合作与交流案例分析》，《世界教育信息》2011年第5期，第24~27页。

14. 江小华、张蕾：《中韩研究型大学师资国际化战略及其成效的比较研究——以清华大学和首尔国立大学为例》，《高教探索》2017年第2期，第81~87、93页。

15. 施瑾欢、陆琪：《创新型人才队伍建设的实践与发展趋势》，《人力资源管理》2011年第12期，第154~155页。

16. 张杰：《"三位一体"培养创新型领袖人才——上海交通大学人才培养目标探索》，《国家教育行政学院学报》2010年第10期，第3~5页。

17. 邹晓东、李铭霞、陆国栋等：《从混合班到竺可桢学院——浙江大学培养拔尖创新人才的探索之路》，《高等工程教育研究》2010年第1期，第64~74、85页。

18. 孙卓、夏立峰、王冕：《当前吉林省高校创业教育师资队伍现状调查研究》，《才智》2016 年第 25 期，第 8~9、11 页。

19. 臧丽：《吉林省地方普通高等学校 SWOT 分析及对策研究》，天津大学硕士学位论文，2003。

20. 王厦：《吉林省高校教学管理体制存在问题研究》，《劳动保障世界（理论版）》2013 年第 9 期，第 75 页。

21. 曹宏：《高职院校工学交替模式研究》，河北师范大学硕士学位论文，2010。

22. 黄诗义：《高职院校工学交替人才培养模式研究》，《合肥工业大学学报（社会科学版）》2010 年第 4 期，第 149~153 页。

23. 张利君：《我国大学生创业实践模式的探索与构建》，《国家教育行政学院学报》2010 年第 9 期，第 65~68 页。

24. 唐国华、曾艳英、罗捷凌：《基于资源依赖理论的高职教育校企合作研究》，《高等工程教育研究》2014 年第 4 期，第 174~179 页。

25. 佟艳群：《中外联合办学模式的探讨与实践》，《中国电力教育》2011 年第 20 期，第 5~6 页。

26. 邵丽霞：《中外合作办学政策分析》，扬州大学硕士学位论文，2009。

27. 周瑾玉、侯荣涛：《"4+0" 合作办学模式教学方法的探究与实践》，《中国电力教育》2009 年第 23 期，第 77~79 页。

28. 袁丽梅：《地方院校中外合作 "2+2" 模式毕业生就业策略研究》，《曲靖师范学院学报》2014 年第 2 期，第 55~58 页。

29. 池圣女：《韩国语专业 "3+1" 国际化培养模式探讨》，《中国校外教育》第 1 期。

30. 郑赛莹：《吉林省人才资源开发问题研究》，吉林大学博士学位论文，2011。

31. 杨建光、曹宏、张育频：《高职院校工学交替教学模式的探索》，

《张家口职业技术学院学报》2011年第1期，第17~19页。

32. 卢伟峰：《吉林省高校大学生创业教育研究》，吉林农业大学硕士学位论文，2013。

33. 顾晓禹：《吉林省高校产学研合作问题》，《中外企业家》2014年第8期，第165、167页。

34. 陈旭：《高校市场营销专业校企合作有效性探索——以吉林省地方高校为例》，《商场现代化》2014年第22期，第134~135页。

35. 周晶：《吉林省职业院校开展校企合作的现状及政策建议》，《产业与科技论坛》2013年第15期，第120~121页。

36. 向欣、侯海荣、唐楠：《吉林省高校中外合作办学：现状、问题及对策》，《现代教育科学》2017年第2期，第19~27页。

37. 王书丹：《高职院校国际化人才培养模式研究》，西安建筑科技大学硕士学位论文，2015。

38. 马聪：《高等教育国际化人才培养目标研究》，上海外国语大学硕士学位论文，2010。

39. 周新凤、汪泳：《浅谈大学生创业政策存在的问题与发展对策——吉林省教育科学"十二五"规划课题〈积极心理学视野下的大学创业文化研究〉》，《东方企业文化》2013年第18期，第217页。

40. 翁娜：《基于高校科技创新能力提升的吉林省教育产业发展对策研究》，长春理工大学硕士学位论文，2012。

41. 罗蔷：《研究生国际化人才培养模式研究》，北京理工大学硕士学位论文，2015。

42. 商筱辉、姜金秋：《世界一流大学的内涵、本质与建设路径》，《中国高校科技》2017年第Z1期，第14~18页。

图书在版编目（CIP）数据

吉林省高校创新型国际化人才培养本土化模式研究／
李阳，于晓红，井丽巍著． -- 北京：社会科学文献出版
社，2019.7
　　ISBN 978 - 7 - 5201 - 4253 - 3

　　Ⅰ.①吉…　Ⅱ.①李…　②于…　③井…　Ⅲ.①高等学
校 - 人才培养 - 研究 - 吉林　Ⅳ.①G649.2

　　中国版本图书馆 CIP 数据核字（2019）第 023016 号

吉林省高校创新型国际化人才培养本土化模式研究

著　　者／李　阳　于晓红　井丽巍

出 版 人／谢寿光
责任编辑／连凌云

出　　版／社会科学文献出版社·城市和绿色发展分社（010）59367143
　　　　　　地址：北京市北三环中路甲 29 号院华龙大厦　邮编：100029
　　　　　　网址：www.ssap.com.cn
发　　行／市场营销中心（010）59367081　59367083
印　　装／三河市龙林印务有限公司

规　　格／开　本：787mm × 1092mm　1/16
　　　　　　印　张：11　字　数：139 千字
版　　次／2019 年 7 月第 1 版　2019 年 7 月第 1 次印刷
书　　号／ISBN 978 - 7 - 5201 - 4253 - 3
定　　价／78.00 元

本书如有印装质量问题，请与读者服务中心（010 - 59367028）联系